Inclusión

SERIE INTELIGENCIA EMOCIONAL DE HBR

Serie Inteligencia Emocional de HBR

Cómo ser más humano en el entorno profesional

Esta serie sobre inteligencia emocional, extraída de artículos de la *Harvard Business Review*, presenta textos cuidadosamente seleccionados sobre los aspectos humanos de la vida laboral y personal. Estas lecturas, estimulantes y prácticas, ayudan a conseguir el bienestar emocional en el trabajo.

Mindfulness	*Autoconciencia*
Resiliencia	*Focus*
Felicidad	*Saber escuchar*
Empatía	*Confianza*
El auténtico liderazgo	*Poder e influencia*
Influencia y persuasión	*IE Virtual*
Cómo tratar con gente difícil	*Energía y motivación*
Liderazgo (Leadership Presence)	*Buenos hábitos*
Propósito, sentido y pasión	*Inclusión*

Otro libro sobre inteligencia emocional de la
Harvard Business Review:

Guía HBR: Inteligencia Emocional

Inclusión

SERIE INTELIGENCIA EMOCIONAL DE HBR

Reverté Management
Barcelona · México

Harvard Business Review Press
Boston, Massachusetts

Inclusión
Serie Inteligencia Emocional de HBR
Inclusion
HBR Emotional Intelligence Series

Original work copyright © 2023 Harvard Business School Publishing Corporation
Published by arrangement with Harvard Business Review Press

© **Editorial Reverté, S. A., 2023**
Loreto 13-15, Local B. 08029 Barcelona – España
revertemanagement.com

Edición en papel
ISBN: 978-84-17963-78-1

Edición ebook
ISBN: 978-84-291-9752-5 (ePub)
ISBN: 978-84-291-9752-5 (PDF)

Editores: Ariela Rodríguez / Ramón Reverté
Coordinación editorial y maquetación: Patricia Reverté
Traducción: Genís Monrabà Bueno

Impreso en España – *Printed in Spain*
Depósito legal: B 8637-2023
Impresión: Liberdúplex
Barcelona – España

100

Contenidos

Contenidos

Contenidos

Inclusión

SERIE INTELIGENCIA EMOCIONAL DE HBR

1

Por qué los líderes inclusivos son buenos para las empresas

Juliet Bourke y Andrea Titus

Las empresas confían cada vez más en equipos diversos y multidisciplinarios que combinan las capacidades de mujeres y hombres; jóvenes y mayores; y personas de distinta ascendencia cultural. Pero el simple hecho de mezclar personas no garantiza los buenos resultados: hace falta un *liderazgo inclusivo*, un liderazgo que garantice que todos los miembros del equipo perciban que se les trata de forma respetuosa y justa, que se les valore y sientan que pertenecen al grupo.

La inclusión no es solo un aspecto positivo de los equipos. Nuestras investigaciones demuestran que tiene un efecto directo en la mejora del rendimiento. Los equipos con líderes inclusivos tienen un 17 % más de probabilidades de afirmar que están teniendo un alto rendimiento, un 20 % más de probabilidades de afirmar que toman decisiones de alta calidad y un 29 % más de probabilidades de afirmar que se comportan de forma colaborativa. Además, también descubrimos que una mejora del 10 % en la percepción de inclusión incrementa la asistencia al trabajo en casi un día más al año por empleado, reduciendo el coste del absentismo.

¿Qué acciones concretas pueden llevar a cabo los líderes para ser más inclusivos? Para responder a esta pregunta, encuestamos a más de 4100 empleados sobre la inclusión, entrevistamos a los líderes que los encuestados consideraban muy inclusivos y estudiamos la literatura académica sobre liderazgo. A partir de estas investigaciones, identificamos diecisiete clases distintas de conductas, que agrupamos en seis categorías o «rasgos», todos igualmente importantes y que se refuerzan mutuamente. [3] A continuación, creamos una herramienta de evaluación de 360 grados para que los participantes valoraran la presencia de estos rasgos en sus superiores. Esta herramienta ya la han utilizado 3.500 evaluadores para valorar a más de 450 líderes. Los resultados son reveladores.

Estos son los seis rasgos o conductas que distinguen a los líderes inclusivos: [4]

> *Compromiso manifiesto:* Muestran un verdadero compromiso con la diversidad, cuestionan el *statu quo*, responsabilizan a los demás y hacen de la diversidad y la inclusión una prioridad personal.

> *Humildad:* Son humildes al juzgar sus capacidades, admiten errores y dejan espacio a los demás para que contribuyan.

> *Conciencia de los prejuicios:* Son conscientes de sus puntos ciegos, de las deficiencias del sistema y se esfuerzan por garantizar la meritocracia.

> *Curiosidad por los demás:* Muestran una mentalidad abierta y una profunda curiosidad por

los demás, escuchan sin juzgar e intentan comprender a aquellos que les rodean con empatía.

Inteligencia cultural: Están atentos a las culturas de los demás y se adaptan cuando es necesario.

Colaboración efectiva: Empoderan a los demás, prestan atención a la diversidad de pensamiento y a la seguridad psicológica, y se centran en la cohesión del equipo.

Estos rasgos pueden parecer obvios, muy parecidos a los que se supone que son necesarios para ejercer un buen liderazgo en general. Pero la diferencia entre evaluar y desarrollar un buen liderazgo en general y un liderazgo inclusivo en particular radica en tres aspectos concretos.

En primer lugar, la mayor parte de los líderes del estudio no estaban seguros de si los demás les percibían como inclusivos o no. Solo un tercio (36 %) veía sus capacidades de liderazgo inclusivo como las veían los demás, otro tercio (32 %) sobrestimaba sus

Por qué los líderes inclusivos son buenos para las empresas

capacidades, y el último tercio (33 %) subestimaba sus capacidades. Y lo que es aún más importante, estos líderes rara vez estaban seguros de cuáles eran las conductas específicas que realmente influían en que se les calificara como más o menos inclusivos.

En segundo lugar, la valoración como líder inclusivo no se determina haciendo una *media* de las puntuaciones de todos los miembros del equipo, sino mediante la *distribución* de esas puntuaciones. Por ejemplo, no es suficiente que, en promedio, los evaluadores estén de acuerdo en que un líder «aborda la diversidad y la inclusión plenamente». Si usamos una escala de cinco puntos (que va de «muy de acuerdo» a «totalmente en desacuerdo»), una valoración por promedio podría implicar que algunos miembros del equipo están en desacuerdo mientras que otros están de acuerdo. Para ser un líder inclusivo, hay que asegurarse de que *todo el mundo* está de acuerdo o muy de acuerdo en que se les trata de forma justa y respetuosa, se les valora, se les facilita el sentido de pertenencia y se sienten psicológicamente seguros.

En tercer lugar, el liderazgo inclusivo no se basa en grandes gestos ocasionales, sino en comentarios y acciones regulares a pequeña escala. Al comparar los comentarios cualitativos sobre los líderes más inclusivos (el 25 % superior) y los menos inclusivos (el 25 % inferior) de nuestra muestra, descubrimos que el liderazgo inclusivo es tangible y se practica todos los días.

Estas respuestas literales extraídas de nuestras evaluaciones ilustran algunos de los comportamientos tangibles de los líderes más inclusivos del estudio:

- *Comparte debilidades personales:* «[Esta líder] pregunta abiertamente la información que no posee. Trabaja con humildad y sin pretensiones. De este modo, los demás se sienten más cómodos y pueden hablar y expresar sus opiniones».

- *Aprende sobre diferencias culturales:* «[Este líder] ha dedicado tiempo a aprender lo básico (palabras comunes, expresiones, costumbres,

gustos/aversiones) así como los aspectos culturales fundamentales».

- *Reconoce la individualidad de los miembros
  del equipo:* «[Este líder] lidera un equipo de
  más de cien personas y aun así se dirige a cada
  miembro del equipo por su nombre, conoce el
  flujo de trabajo y el trabajo que hace cada uno».

Las siguientes respuestas ilustran algunas de las
conductas de los líderes menos inclusivos:

- *Abruma con su poder a los demás:* «Puede
  ser muy directo y abrumador. Y eso limita
  la capacidad de quienes le rodean para contribuir en las reuniones o participar en las
  conversaciones».

- *Muestra favoritismos:* «Siempre asigna las
  tareas a los mismos trabajadores de mayor rendimiento, y crea cargas de trabajo insostenibles.
  Debería dar oportunidades a otros integrantes

del equipo con menos experiencia para que puedan demostrar su valía».

- *Descarta los puntos de vista alternativos:* «[Este líder] puede tener ideas muy rígidas sobre temas concretos. A veces es difícil exponer un punto de vista alternativo. Existe el riesgo de que su equipo se abstenga de plantear puntos de vista innovadores y alternativos».

Lo que los líderes dicen y hacen tiene un enorme impacto en los demás, pero nuestras investigaciones indican que este efecto es aún más pronunciado cuando lideran equipos con diversidad. Palabras y actos de exclusión sutiles por parte de los líderes o el hecho de pasar por alto las conductas de exclusión de los demás refuerza fácilmente el *statu quo*. Crear una cultura inclusiva requiere de energía y esfuerzo deliberado. Y el primer paso es que los líderes presten mucha más atención a lo que dicen y hacen a diario, y puedan corregirlo si es necesario.

He aquí cuatro maneras de empezar a ser inclusivo:

- *Conoce la imagen que proyectas como líder inclusivo*: Pregunta a los demás si te perciben como una persona inclusiva, especialmente a personas de distintos ámbitos. Esto te ayudará a detectar tus puntos ciegos, tus fortalezas y los aspectos que puedes mejorar. Así también demostrarás que la diversidad y la inclusión son importantes para ti. Programar encuentros periódicos con los miembros de tu equipo para preguntarles qué puedes hacer para que se sientan más incluidos también es una buena opción.

- *Mantente visible y exprésate abiertamente:* Explica de forma clara y convincente por qué es importante la inclusión para ti y para la empresa. Por ejemplo, comparte tus historias personales en foros públicos y conferencias.

- *Persigue deliberadamente la diferencia:* Brinda a la gente situada en la periferia de tu red de contactos la oportunidad de expresarse, invita a diferentes personas a participar en las reuniones y amplía tu red de contactos. Por ejemplo, busca oportunidades de trabajar con equipos multifuncionales o multidisciplinares para aprovechar los diversos puntos fuertes.

- *Comprueba tu impacto:* Busca señales que indiquen que estás teniendo un impacto positivo. ¿La gente sigue tu ejemplo? ¿Hay un grupo más diverso de personas que comparte ideas contigo? ¿La gente trabaja de forma más colaborativa? Pídele a un consejero de confianza que te dé su opinión sobre las áreas en las que has estado trabajando.

Hay mucho que aprender sobre cómo convertirse en un líder inclusivo y aprovechar el potencial de los equipos diversos, pero una cosa es evidente: los líderes que practiquen de forma consciente el liderazgo inclusivo y desarrollen su capacidad de forma proactiva verán como resultado un rendimiento superior de sus equipos diversos.

JULIET BOURKE es profesora de la School of Management and Governance, UNSW Business School, University of New South Wales y consultora de empresas. Es la autora de *Which two heads are better than one: The extraordinary power of diversity of thinking and inclusive leadership*. ANDREA TITUS es psicóloga empresarial, directora ejecutiva en Westpack Banking Corporation y vicepresidenta de SIOPA.

Notas

1. Juliet Bourke, «The diversity and inclusion revolution: Eight powerful truths», *Deloitte Review* 22 (2018), https://www2.deloitte.com/us/en/insights/deloitte-review/issue-22/diversity-and-inclusion-at-work-eight-powerful-truths.html.
2. Deloitte Australia y la Victorian Equal Opportunity and Human Rights Comission, «Waiter, is that inclusion in my soup? A new recipe to improve business performance», mayo 2013, https://www2.deloitte.com/content/dam/Deloitte/au/Documents/human-capital/deloitte-au-hc-diversity-inclusion-soup-0513.pdf.

3. Bernadette Dillon y Juliet Bourke, «The six signature traits of inclusive leadership», Deloitte University Press, https://www2.deloitte.com/content/dam/Deloitte/au/ Documents/human-capital/deloitte-au-hc-six-signatu- re-traits-inclusive-leadership-020516.pdf.

4. Juliet Bourke y Andrea Titus, «The key to inclusive leadership», hbr.org, 6 de marzo de 2020, https://hbr. org/2020/03/the-key-to-inclusive-leadership.

Adaptado a partir de «Why inclusive leaders are good for organizations and how to become one», en hbr.org, 29 de marzo de 2019 (producto #H04V8Y).

2

El valor del sentimiento de pertenencia en el trabajo

Evan W. Carr, Andrew Reece,
Gabriella Rosen Kellerman y Alexi Robichaux

Encajar socialmente es una necesidad humana fundamental que está escrita en nuestro ADN. Sin embargo, el cuarenta por ciento de las personas reconocen sentirse solas en el trabajo. Y, en consecuencia, muestran un compromiso y una implicación menores con la empresa. En pocas palabras, las empresas no lo están haciendo bien. Las compañías estadounidenses se gastan casi ocho mil millones de dólares al año en formación sobre diversidad e inclusión (D&I) pero que no consiguen su objetivo porque pasan por alto nuestra necesidad de sentirnos incluidos.

Si desde esta perspectiva los costes asociados a esta falta de pertenencia al lugar de trabajo pueden parecernos impactantes, al acercarnos un poco más, descubrimos la verdadera dimensión del problema. La exclusión es dañina porque realmente es dolorosa. Una sensación parecida al dolor físico. Es una punzada que todos hemos experimentado en un momento u otro. La exclusión es un problema que afecta a lo más profundo de nuestra condición como seres humanos, y por eso sus consecuencias son tan graves y sus causas tan difíciles de erradicar incluso de los lugares de trabajo más saludables.

Los humanos somos esencialmente seres sociales, hasta el punto de que establecemos vínculos con desconocidos precisamente para evitar la experiencia que supone no tener a nadie con quien relacionarnos. Fijémonos en el artículo de *The Guardian* que animaba a la gente a compartir sus experiencias en cuanto a sentirse excluidos en el trabajo. Escribieron más de ochocientas personas.[1] Un trabajador anónimo del Reino Unido se lamentaba: «Me pagan bien por hacer algo que disfruto y [...] [estoy] rodeado de personas inteligentes, divertidas y afines. Pero durante cuarenta y cinco o cincuenta horas a la semana, me siento solo».

Para comprender mejor esta necesidad básica de *pertenencia* (el ingrediente clave que falta en las discusiones sobre D&I), BetterUp llevó a cabo un estudio para investigar el papel del sentimiento de pertenencia en el trabajo y las enormes consecuencias de su ausencia. [2] Para este proyecto, definir el citado sentimiento se convirtió en nuestra primera y más complicada tarea. Nuestros datos nos mostraron que el sentimiento de pertenencia es primo hermano de muchas experiencias relacionadas: la relevancia, la identificación y la conexión social. El denominador común es que todos estos temas giran alrededor de la sensación de ser aceptado e incluido por quienes te rodean. Nos propusimos estudiar cómo se genera (o no) esa sensación en el trabajo; qué significa para los empleados y para las empresas; y si es o no posible revertir una situación desfavorable.

El estudio es novedoso en dos sentidos: en primer lugar, cuantifica el valor del sentimiento de pertenencia en el trabajo, tanto a partir de conclusiones correlacionales como experimentales. Y, en segundo lugar, ofrece nuevas posibilidades de intervención para potenciar la inclusión basadas en la evidencia. Siguiendo el patrón de los estudios anteriores de BetterUp sobre la soledad o las metas, entrevistamos primero a 1.789 empleados estadounidenses a tiempo completo de numerosos sectores, y luego llevamos a cabo una serie de experimentos con más de dos mil participantes para observar y medir los costes de la exclusión. Estas son nuestras conclusiones.

El sentimiento de pertenencia es bueno para las empresas

Si los trabajadores se sienten parte de las empresas, estas obtienen importantes beneficios. Los niveles altos de sentimiento de pertenencia se relacionaron con un aumento del 56 % en el rendimiento laboral, un descenso del 50 % en riesgo de abandono y una reducción del 75 % en los días de baja por enfermedad. Para una empresa con diez mil empleados, esto supondría un ahorro anual de más de cincuenta y dos millones de dólares.

Los empleados con mayor sentimiento de pertenencia al lugar de trabajo mostraron también un aumento del 167 % en su puntuación como promotor de la empresa (su predisposición a recomendar su empresa a otras personas). Además, también recibieron el doble de aumentos salariales y fueron ascendidos dieciocho veces más.

La exclusión lleva a sabotear al equipo (y a uno mismo)

Los resultados de nuestra encuesta revelan que la exclusión laboral es un problema sistémico que genera cuantiosas pérdidas financieras. Pero, *¿provoca* realmente la exclusión un impacto cuantificable en el rendimiento de los equipos?

Para responder a esta pregunta, llevamos a cabo una serie de experimentos. En un principio, asignamos

a los trabajadores de un equipo a otros dos «participantes» (*bots* programados para comportarse como
compañeros de equipo), y usamos un juego virtual
colaborativo de lanzamiento de una pelota. [3] Los trabajadores *incluidos* tenían compañeros de equipo
que les pasaban la pelota sistemáticamente, mientras
que los trabajadores *excluidos* solo recibían la pelota
un par de veces. A continuación, los participantes lle-
varon a cabo una tarea sencilla en la que podían ga-
nar dinero para ellos o para todo el equipo. Cuanto
más tiempo permanecían los participantes haciendo
la tarea, más dinero ganaban.

¿Qué diferencias vimos entre los compañeros de
equipo excluidos y los incluidos? Cuando se les decía
que las ganancias serían compartidas con el equipo, las
personas excluidas trabajaban menos que las incluidas,
aunque ello supusiera sacrificar ganancias. En cambio,
cuando se les decía a los participantes que las ganancias
solo serían para ellos, los miembros excluidos trabajaban igual que los incluidos. Repetimos este experimento varias veces, en cuatro estudios distintos, y ahora

podemos afirmar rotundamente que sentirse excluido *provoca* que la gente se esfuerce menos por el equipo.

Los efectos dañinos de la exclusión pueden revertirse

Estas conclusiones invitan a preguntarnos: ¿Puede *corregirse* la exclusión? Se han propuesto muchas soluciones, pero muy pocas de ellas están basadas en la evidencia experimental.

De ahí que hiciéramos una nueva ronda de experimentos para analizar tres intervenciones diseñadas para mitigar los costes de la exclusión:

1. *Adquirir perspectiva:* Los participantes anteriores compartieron sus reflexiones sobre su experiencia de exclusión con los participantes actuales.

2. *Fomentar la tutoría:* Los participantes se imaginaron cómo podrían ayudar a otra persona a superar la exclusión.

3. *Buscar el empoderamiento:* Los participantes planificaron cómo reestructurarían esta experiencia en equipo para hacerla más inclusiva y placentera.

Las tres intervenciones consiguieron que los miembros excluidos de los equipos se comportaran más como los incluidos. Es más, las herramientas de tutoría y empoderamiento fueron tan potentes que los participantes excluidos trabajaron *incluso más* para su equipo que sus compañeros incluidos.

Tener un aliado protege a los trabajadores de la exclusión

Puede resultar difícil identificar la exclusión en el momento en que está sucediendo, de modo que otra valiosa estrategia de intervención sería proteger a los trabajadores de los efectos negativos de la exclusión desde un principio. Contar con un *aliado* que pueda hacer más llevadero el hecho de ser excluido por otros miembros del equipo sería una posibilidad.

Lo comprobamos en otro experimento, en el que un *bot* aliado estaba programado para fomentar la inclusión lanzándole la pelota a un participante, mientras los demás *bots* los ignoraban. Es importante destacar que el aliado le lanzaba la pelota al participante tanto como cualquier otro; es decir, el aliado simplemente ofrecía un trato igualitario (no especial). Sin embargo, descubrimos que tener un aliado que actuara de forma justa hacía que la gente estuviera más dispuesta a trabajar para todo el equipo, protegiendo así el rendimiento del equipo de los efectos negativos de la exclusión.

¿Cómo creamos un lugar de trabajo con sentimiento de pertenencia?

Nuestras investigaciones muestran vías de actuación claras para ayudar a resolver la epidemia de exclusión en el lugar de trabajo. Incluso la estrategia de contratación más eficaz en cuanto a la diversidad será incapaz de provocar un cambio a largo plazo si no se apoya a los nuevos talentos para que tengan éxito. Afortunadamente, nuestros descubrimientos demuestran que no estamos indefensos ante la exclusión.

Las personas que se enfrentan a sentimientos de exclusión podrán adaptar estas nuevas herramientas basadas en la evidencia que consisten en obtener nuevas perspectivas a partir de los demás, orientar a aquellos que se encuentren en una situación similar y pensar en estrategias para mejorar la situación. Para los líderes de equipos y los compañeros que quieran ayudar a otros a sentirse incluidos, nuestra investigación sugiere que actuar como un aliado justo (alguien que trate a todos por igual) puede ofrecer cierta protección y amortiguar el comportamiento excluyente de los demás. Además, también pueden compartir historias sobre cómo han afrontado retos similares y averiguar qué sugerencias tienen sus compañeros de equipo para mejorar la situación. Estas estrategias ayudarían a los trabajadores no solo a sortear las complicadas dinámicas de su lugar de trabajo, sino también a impulsar su propia versión del cambio, especialmente, cuando el sistema no funciona para todos. Los líderes y las empresas deben invitar a los empleados a dar su opinión y tomársela en serio; este comportamiento es la piedra angular de las empresas inclusivas. Los trabajadores necesitan sentir que pertenecen a algo que valoran y que tienen el poder de provocar el cambio cuando es necesario.

EWAN W. CARR es científico sénior de investigación en Amazon Web Services y anteriormente había sido científico del comportamiento cuantitativo en BetterUp. ANDREW REECE es científico de datos del comportamiento en BetterUp. GABRIELLA ROSEN KELLERMAN es la directora de innovación de BetterUp y dirige BetterUp Labs. ALEXI ROBICHAUX es cofundador y CEO de BetterUp.

Notas

1. Sarah Marsh, «'You are not the only lonely worker': Our readers on making friends at work», *Guardian*, 2 de febrero de 2016, https://www.theguardian.com/lifeandstyle/2016/feb/02/you-are-not-the-only-lonely-worker-our-readers-on-making-friends-at-work.

2. Gabriella Rosen Kellerman y Andrew Reece, «The value of belonging at work: Investing in workplace inclusion», BetterUp.com, https://grow.betterup.com/resources/the-value-of-belonging-at-work-the-business-case-for-investing-in-workplace-inclusion-event.
3. Kipling D. Williams y Blair Jarvis, «Cyberball: A program for use in research on interpersonal ostracism and acceptance», *Behavior Research Methods* 38, nº 1 (2006): 174-180.

Adaptado a partir de contenido publicado en *hbr.org*,
16 de diciembre de 2019 (producto #H05BT9).

3

La seguridad psicológica como prioridad estratégica

Maren Gube y Debra Sabatini Hennelly

La pandemia de COVID-19, la inestabilidad geopolítica y unos mercados impredecibles han hecho que la resiliencia de las organizaciones sea como los alimentos en el desierto: vitales para la supervivencia, pero difíciles de obtener. Al hacer de la resiliencia una prioridad estratégica, los líderes se aseguran de que sus empresas puedan amoldarse y adaptarse.

Se ha escrito mucho sobre el papel de la seguridad psicológica en la mejora del bienestar en el lugar de trabajo. Pero para hacer frente a la incertidumbre, las empresas también necesitan convertir la seguridad psicológica en una prioridad estratégica, creando una cultura en la que los trabajadores puedan mostrar sus inquietudes, contribuir con sus ideas y compartir sus perspectivas singulares.

Hay tres dimensiones culturales fundamentales para la resiliencia:

- *Integridad:* Liderazgo ético y honestidad valiente.

- *Innovación:* Creatividad colaborativa sin temores.

- *Inclusión:* Respeto y sentimiento de pertenencia genuinos.

Estas tres dimensiones sustentan la continuidad del negocio, la competitividad y el crecimiento; la intersección de estas tres dimensiones forma el núcleo de una cultura psicológicamente segura. Para potenciar la resiliencia, los líderes tienen que entender cómo conectar estas tres dimensiones culturales aisladas y desarrollar cualidades de liderazgo que fomenten la honestidad.

A continuación, explicaremos por qué la seguridad psicológica es necesaria para alcanzar la máxima expresión de la integridad, la innovación y la inclusión; exploraremos qué obstáculos aparecen a la hora de invertir en seguridad psicológica; e ilustraremos cómo los altos cargos pueden superar estos obstáculos para potenciar la resiliencia.

La seguridad psicológica como base de la resiliencia

Los argumentos económicos más sencillos a favor de cada dimensión de la resiliencia son bien conocidos. Una conducta empresarial ética (integridad) mejora el rendimiento financiero, los trabajadores que generan y comparten más ideas mejoran la rentabilidad a través de la innovación, y la diversidad en las organizaciones predice una mayor rentabilidad financiera (inclusión). Tanto la integridad como la inclusión son elementos clave a la hora de evaluar los compromisos y el desempeño de una empresa en materia de medioambiente, sostenibilidad y gobernanza (ASG).

Más allá de sus impactos directos sobre la cuenta de resultados, estas tres dimensiones comparten una conexión intrínseca: la seguridad psicológica está en su base y cualquier fisura en ella erosiona sus cimientos. El miedo a represalias por decir lo que se piensa pone en peligro la integridad, el bloqueo de las ideas creativas lleva al estancamiento y las conductas irrespetuosas tienen un impacto desproporcionadamente tóxico sobre el compromiso y el sentimiento de pertenencia.

La seguridad psicológica no se da de forma automática. Dado que nuestros cerebros están programados para mantenernos a salvo, nuestro modo piloto automático presupone cierto nivel de amenaza en la mayoría de los entornos. Como aquellos animales que perciben la presencia de un depredador en el bosque, cuando experimentamos la «parálisis» (fruto de la reacción «lucha, huida o parálisis»), los seres humanos solemos guardar silencio a menos que sepamos que podemos expresar sin miedo nuestras inquietudes, ideas nuevas o perspectivas singulares.

Cuando los líderes son conscientes de las conexiones entre seguridad psicológica y resiliencia, pueden adoptar conductas que favorezcan la honestidad y establecer en toda la empresa las expectativas para potenciar la integridad, la innovación y la inclusión.

Dimensión nº. 1: Integridad

Las empresas con cultura de integridad no sacrifican lo correcto para obtener beneficios a corto plazo. Los líderes confían en los empleados para que desafíen las directivas miopes y empoderan a los miembros de sus equipos para que se hagan responsables de las decisiones que salvaguardan la resiliencia a largo plazo. Se espera y se protege la honestidad, para prevenir (o detectar y corregir) cuestiones legales o éticas que pudieran hacer descarrilar o cerrar el negocio.

Las dos razones principales por las que los trabajadores se abstienen de hablar son el miedo a las represalias y la percepción de que ni siquiera las preocupaciones con fundamento serán atendidas. Cuando los líderes se comprometen a fomentar la honestidad, pueden cambiar intencionadamente estas percepciones.

Las señales de aviso tempranas evitan que los problemas se descontrolen. En los últimos dos años, el 55 % de las notificaciones de fraude en el lugar de trabajo procedían de los empleados.[1] Cuanto antes se investigue una sospecha de fraude, antes podrá la empresa mitigar las pérdidas relacionadas. Cuando los trabajadores de cualquier nivel se sienten seguros a la hora de expresar sus inquietudes, las conductas problemáticas como el abuso y el acoso también se pueden afrontar a tiempo.

No obstante, las represalias por denunciar irregularidades están en su punto más álgido. Esta contradicción no pasa desapercibida para los empleados cuyos códigos de conducta les obligan a denunciar. Aun así, estos «defensores del bien» se suelen enfrentar a represalias explícitas o sutiles si lo hacen.

Los empleados que no tienen canales internos seguros para informar sobre los problemas deciden a veces denunciarlos a las administraciones públicas o a los medios de comunicación. A pesar del riesgo de ser estigmatizados, algunos sienten que no tienen alternativa. Sin embargo, la denuncia externa amenaza la resiliencia de las empresas de múltiples formas. Quizá el riesgo más alto viene dado por la oportunidad perdida de corregir el problema internamente, pronto, antes de que el daño se agrave.

Dimensión nº. 2: Innovación

En un mundo que cambia rápidamente, la innovación continua en productos y procesos es un elemento necesario para el rendimiento sostenible de las empresas. Sin embargo, el estrés que genera la incertidumbre reduce la creatividad individual y disminuye el deseo de explorar y cuestionar los paradigmas existentes.

La innovación tiende a disminuir cuando aumenta el riesgo externo. Centrarse internamente en la seguridad psicológica ayuda a contrarrestar esta tendencia. Acoger preguntas del tipo «¿qué pasaría si...?» fomenta una cultura de la curiosidad que permite generar soluciones.

El imperativo de la innovación se malinterpreta a veces como la obligación de innovar a toda costa. Aquellos que no estaban de acuerdo con el lanzamiento de un nuevo producto pueden ser marginados y desautorizados, en detrimento de la empresa. Posponer el lanzamiento de un proyecto requiere de seguridad psicológica y es poco probable que suceda a menos que los líderes estén a favor de fomentar el diálogo apasionado.

Dimensión n°. 3: Inclusión

El compromiso y el sentimiento de pertenencia tienen su fundamento en la inclusión. Son esenciales para la resiliencia, y no solo para la de la empresa, sino para la de todos los trabajadores. En 2021, dos terceras partes de las personas que dejaron su trabajo dijeron que lo habían hecho porque no se sentían incluidos, valorados, respetados, protegidos o que se confiara en ellos.[2] Casi la mitad de los trabajadores estadounidenses estaban buscando otras oportunidades y el número de mujeres que intentaban dejar sus trabajos era alarmante. Los grupos infrarrepresentados eran especialmente propensos a cambiar de empresa.[3]

La diversidad de empleados ayuda a las empresas a anticipar, afrontar y adaptarse a las situaciones riesgo y a las condiciones turbulentas. Por ejemplo, el Fondo Monetario Internacional ha citado «un alto grado de pensamiento de grupo» (es decir, la falta de puntos de vista diversos) como factor coadyuvante para no haber hecho sonar las alarmas sobre la inminente crisis financiera en 2007.[4]

Los equipos diversos tienen una base de conocimientos más amplia, lo que les permite analizar mejor el entorno y los riesgos, especialmente en contextos complejos. La diversidad de experiencias entre los miembros de un equipo amplía el abanico de posibles estrategias de actuación y mejora la toma de decisiones bajo presión. La pregunta «¿Qué es lo que no estoy viendo?» es más probable que haga aflorar perspectivas más ricas, inquietudes latentes y sugerencias innovadoras cuando el equipo es diverso, y cuando todas las voces son escuchadas gracias a la seguridad psicológica.

Obstáculos para la seguridad psicológica

Dados los beneficios multidimensionales de la seguridad psicológica, ¿por qué resulta tan difícil hacer de ella una prioridad estratégica? Hay que tener en cuenta estos dos obstáculos principales.

Obstáculo n°. 1: Puntos ciegos

Es posible que los altos directivos no sepan tender puentes entre los distintos departamentos operativos de la empresa, pasando por alto las oportunidades de trabajar juntos. Por ejemplo, los profesionales operativos (departamento jurídico, gestión del riesgo, I+D, RR. HH., etc.) suelen centrar sus demandas internas limitadas por una jerarquía vertical. Al competir por recibir apoyo para iniciativas puntuales (en lugar de colaborar), pierden la oportunidad de ayudar a los altos directivos a darse cuenta de la alquimia interfuncional que supondría invertir en seguridad psicológica.

Corresponde a los altos directivos ver los departamentos operativos como algo más que centros de costes individuales. Si identifican las oportunidades de defender la seguridad psicológica entre iniciativas anteriormente dispares, optimizarán los recursos y obtendrán un rendimiento multidimensional de la inversión que permitirá que todas las voces sean escuchadas.

Obstáculo nº. 2: Vulnerabilidad

La seguridad psicológica exige que las decisiones se tomen de un modo distinto del que muchos líderes están acostumbrados. Requiere de cualidades de liderazgo como la accesibilidad, la humildad y la empatía.

Una de las medidas más valiosas que toman los líderes de las empresas resilientes es dejar a un lado sus motivaciones personales. Muchos líderes temen recibir comentarios que puedan hacerles vulnerables a las críticas, pero una toma de decisiones transparente va más allá de ver solo lo que queremos ver. Las informaciones que contradicen nuestras percepciones subjetivas puede ser difíciles de escuchar, pero a menudo nos proporcionan señales valiosas para poder corregir el rumbo.

Gustavo Razzetti, diseñador de culturas empresariales y autor del libro *Remote, not distant*, señala que, con demasiada frecuencia, los líderes presumen de tener una actitud abierta y de ser receptivos a la discrepancia, pero rechazan las ideas innovadoras y los comentarios sinceros porque se ponen a la defensiva. «Incluso a los líderes más brillantes les puede resultar difícil aceptar el cambio, como a Steve Jobs cuando se planteó por primera vez la idea del iPhone —afirma Razzetti[5]—. Tenemos que dejar de pensar en ellos como superhéroes que tienen todas las respuestas».

Tomar la iniciativa con la seguridad psicológica

Como ocurre con la confianza, alcanzar la seguridad psicológica lleva mucho tiempo (y aún más para restaurarla cuando se rompe). Estas son cinco áreas en las que los líderes que quieran hacer de la seguridad psicológica una prioridad estratégica al servicio de la resiliencia organizacional se pueden centrar.

1. *Haz preguntas sobre la cultura de la empresa.* Lleva a cabo sesiones de evaluación periódicas sobre el compromiso, la integridad y otros aspectos de la cultura de la empresa. Presta atención a los resultados y a cómo cambian

con el tiempo. Identifica los aspectos culturales existentes y los deseados, y diseña una hoja de ruta para hacer las transformaciones necesarias.

2. *Sé claro respecto a tus expectativas sobre una toma de decisiones ética y sobre la integridad.* El silencio y la ambigüedad tienen consecuencias negativas. Busca deliberadamente señales de alerta tempranas (y responde de forma clara). Limita las represalias contra los «defensores del bien» y asegúrate de que los empleados tengan siempre un canal seguro para plantear inquietudes y sepan cómo acceder a él. Genera confianza dando confianza. Alinea tus acciones con tus palabras y muestra primero tus propias vulnerabilidades.

3. *Fomenta el pensamiento creativo.* El apoyo de los líderes que perciben los empleados influye en el rendimiento creativo y la innovación. Reformula los errores y considéralos como oportunidades de aprendizaje para la organización.

Anima a los empleados a generar y compartir ideas aunque estén por pulir. Acepta las discrepancias sin juzgarlas. En las reuniones asigna a un participante, de forma rotativa, el papel de «abogado del diablo».

4. *Invierte en tus iniciativas sobre diversidad, equidad e inclusión (DEI) y apóyalas personalmente.* Incluso un solo aliado en el lugar de trabajo fomenta el sentimiento de pertenencia y puede animar a la gente a expresar sus opiniones. Sé ese aliado. Utiliza tu privilegio relativo para compartir el poder, no para acapararlo, Fomenta la diversidad y la inclusión como estrategias empresariales explícitas, inclúyelas en tus compromisos ASG y vincúlalas a la remuneración de los ejecutivos. Aprende a no caer en las trampas de las culturas irrespetuosas y no inclusivas que crean lugares de trabajo tóxicos con elevada rotación de personal. Da prioridad a la comunicación clara,

asigna proyectos y puestos en función de las fortalezas de las personas, fomenta las relaciones e invita a los empleados a participar en la toma de decisiones.

5. *Incorpora un sistema para medir la seguridad psicológica en las métricas del rendimiento.* Marca objetivos relevantes y proporciona la formación necesaria a tus directivos para que la seguridad psicológica se considere un objetivo estratégico y no una «recomendación». Haz hincapié en la importancia que tienen las habilidades de liderazgo relacionadas con la inteligencia emocional y social para el desarrollo profesional y en los ascensos. Tómate en serio los baremos de rendimiento y exige responsabilidades a la gente.

Exígete responsabilidades: ¿Soy un ejemplo de estas conductas? ¿Cómo puedo preparar a mis colaboradores directos para que tengan éxito?

————————

Aprender a ser sagaz y resiliente en el nuevo mundo laboral requiere un nivel inusitado de conexión humana. Comprender cómo están conectadas la integridad, la innovación y la inclusión (y poner en marcha esta alquimia) ayuda a los líderes de las empresas a ir más allá de sus puntos ciegos y *asumir* la seguridad psicológica como imperativo estratégico. Estas tres dimensiones culturales pueden trazar la ruta hacia la resiliencia y mantener una cosecha abundante, por impredecible que sea el terreno que nos espera.

MAREN GUBE guía a las empresas que buscan creatividad colaborativa sin miedo a través de sus investigaciones y de su práctica profesional. Ayuda a los líderes a desarrollar los conocimientos emocionales necesarios para adaptarse al cambio y a las dificultades. Maren empodera a los equipos para que descifren las amenazas sistémicas invisibles, descodificando las emociones sociales contextuales que impulsan de forma subconsciente la cultura de la organización. Su combinación de experiencia directiva e investigación como doctora aporta nuevas perspectivas a los líderes. Su galardonado trabajo sobre la creatividad y sobre por qué las mujeres abandonan los campos

CTIM ha conseguido citas a ambos lados del Atlántico. Es coautora del artículo «4 ways to spark creativity when you are feeling stressed» en hbr.org y directora ejecutiva de Resiliti. Lee más sobre ella en marengube.com. DEBRA SABATINI HENNELLY asesora a ejecutivos y juntas directivas para potenciar la resiliencia organizacional creando una cultura de honestidad, inclusión, integridad e innovación. Involucra directamente a los equipos y a los líderes en identificar y corregir los obstáculos para la seguridad psicológica y la toma de decisiones ética, incrementando la colaboración, el bienestar y la productividad. Debbie también ejerce de coach con profesionales de la ética y del cumplimiento normativo para conseguir un liderazgo eficaz y resiliencia personal. Su enfoque pragmático se nutre de su formación en ingeniería y derecho y de décadas dedicadas al liderazgo corporativo, ocupando altos cargos directivos y puestos como consultora en materia de cumplimiento normativo y ética, asuntos jurídicos, medio ambiente y seguridad y gestión estratégica. Debbie es profesora adjunta en el Fordham University Law School's Program on Corporate Ethics & Compliance, conferenciante habitual en congresos profesionales y fundadora y presidenta de Resiliti (resiliti.com).

Notas

1. Association of Certified Fraud Examinars, «Occupational fraud 2022: A report to the nations», https://acfepublic.s3.us-west-2.amazonaws.com/2022+Report+to+the+Nations.pdf.

2. Mark C. Crowley, «It's not just money. This is what's driving the great resignation», FastCompany.com, 5 de marzo de 2022, https://www.fastcompany.com/90727646/its-not-just-money-this-is-whats-still-driving-the-great-resignation.

3. David Rice, «Stemming the tide: How to retain diverse employees in the great resignation», DiversityIncBestPractices.com, https://www.diversityincbestpractices.com/stemming-the-tide-how-to-retain-diverse-employees-in-the-great-resignation/.

4. Oficina de Evaluación Independiente del Fondo Monetario Internacional, «Why did the IMF fail to give clear warning?», en *IMF performance in the run-up to the financial and economic crisis* (Washington, DC: IMF, 2011).

5. Zameena Mejia, «Steve Jobs almost prevented the Apple iPhone from being invented», CNBC Make It, 12 de septiembre de 2017, https://www.cnbc.com/2017/09/12/why-steve-jobs-almost-prevented-the-apple-iphone-from-being-invented.html.

Adaptado a partir de «Resilient organizations make psychological safety a strategic priority», en hbr.org, 25 de agosto de 2022 (producto #H0771Y).

4

La importancia de ser un compañero inclusivo

Juliet Bourke

Crear un entorno de trabajo inclusivo, además de ser un tema de moda, se ha convertido en algo aún más esencial para las empresas que buscan atraer y retener el talento, y mejorar su productividad. Históricamente, las empresas se habían centrado en aplicar políticas organizacionales sobre diversidad. Más recientemente, se puso el foco en el liderazgo inclusivo y en el poderoso papel que desempeñan los líderes a la hora de marcar la pauta, dar ejemplo con comportamientos inclusivos y pedir cuentas a los demás. Ambas estrategias son esenciales, pero olvidan la importancia de las relaciones entre iguales.

Hay una buena razón para ello. Tanto en la literatura académica como en la práctica empresarial, la inclusión se ha conceptualizado como una experiencia psicológica entre un individuo y un grupo.[1] En otras palabras, *solo* el grupo (o el líder como representante del grupo) tiene el poder de hacer que la persona se sienta tratada de forma justa, valorada, respetada y conectada. Pero ¿es esto realmente cierto?

A lo largo de los últimos años he investigado cómo afecta la experiencia individual de inclusión a las relaciones entre compañeros. En mi primer estudio, realicé entrevistas en profundidad a veintiún empleados de distintos equipos de proyectos de una empresa multinacional. En un segundo estudio etnográfico, analicé las reuniones periódicas de un equipo de proyecto (compuesto por gente de distintas nacionalidades, capacidades técnicas y género) durante un periodo de dos meses para averiguar si las conductas inclusivas entre compañeros se manifestaban en la práctica y cómo lo hacían. En otras palabras, examiné al detalle experiencias puntuales entre compañeros y luego las analicé en su conjunto para establecer la relación entre los pequeños actos de inclusión o exclusión, el rendimiento laboral individual y la eficacia del equipo en general. Esto es lo que descubrí.

La inclusión interpersonal se manifiesta y desarrolla a través de tres grupos de conductas

Los entrevistados de mi primer estudio me dijeron tajantemente que sus compañeros tenían el poder absoluto de incluir o excluir, y que el ejercicio de ese poder marcaba una importante diferencia en su rendimiento laboral. Además, ambos estudios detectaron que la inclusión entre compañeros se demuestra mediante tres tipos de conducta.

1. Ayudarse los unos a los otros. Este tipo de conductas, que llamo «asistencia instrumental», son aquellas que ayudan a un compañero a realizar sus tareas laborales, ya sea facilitando información, presentando a contactos, mostrando apoyo en las reuniones u ofreciendo consejos.

Lo significativo de estas acciones es que son discrecionales y quedan fuera del ámbito estricto de la definición de cada puesto de trabajo. Por ejemplo, un alto directivo me explicó que un compañero suyo, al salir de una reunión, prefirió informarle rápidamente de los asuntos que se trataron, en lugar de hacerlo al final de semana con el informe formal sobre el estado del proyecto.

Durante mis observaciones, presencié cómo los trabajadores se apoyaban y alentaban unos a otros (por ejemplo, «Tal como ha dicho Pedro...») para subrayar el argumento de un compañero y aumentar su capacidad de influir sobre los proyectos. Esta conducta en particular recuerda a una técnica que utilizaba, según cuentan, el personal femenino del presidente Obama para reforzar y amplificar los argumentos de sus compañeras.

2. Preocuparse emocionalmente por los demás. Esto se refiere al cuidado, apoyo e interés personal que demuestran las personas hacia sus compañeros y que

ayudan a forjar vínculos emocionales. Los entrevistados hablaron de socializar con sus compañeros, bromear y estar de cháchara, además de darse espacio para desahogarse y mostrar interés genuino por la vida personal de un compañero (ya sea por los hijos, las mascotas o el deporte). Un trabajador me explicó que él y uno de sus compañeros empezaban todos los días con «algún tipo de pequeña broma», mientras que otros hacían pequeñas pausas para salir de la oficina y tomar un café juntos. Evidentemente, con el auge del trabajo híbrido, la socialización en persona se redujo, pero este hecho se contrarrestaba por un aumento visible de la práctica de hacerse preguntas personales entre compañeros al principio o al final de las reuniones online.

3. Hacer conexiones físicas. El tercer comportamiento, que llamo «conexión corporal», se refiere a las formas en que los miembros de un equipo usan su cuerpo para establecer y transmitir conexiones más cercanas mediante el lenguaje corporal y la forma de

compartir el espacio. Los entrevistados hablaron, por ejemplo, del hecho de caminar juntos hacia una reunión, sentarse a propósito uno al lado del otro o, en el caso de una reunión virtual, mostrar de fondo su espacio de trabajo real, en lugar de una foto corporativa, o exagerar las señales no verbales positivas como sonreír o asentir.

Lo que queda claro de estos ejemplos es que en cada uno de ellos se requiere de un esfuerzo pequeño. Sin embargo, el impacto psicosocial en términos de sentirse incluido es profundo, especialmente cuando estos pequeños actos de inclusión interpersonal se acumulan a lo largo del tiempo.

La inclusión interpersonal es un proceso recíproco muy beneficioso para el rendimiento laboral individual y la eficacia de los equipos

El beneficio de la inclusión interpersonal entre compañeros no es solo psicológico: según todos los entrevistados, también tiene consecuencias muy prácticas en términos de potenciar el rendimiento laboral individual y mejorar la eficacia de los equipos. ¿Por qué? Porque cada acto de inclusión interpersonal es en esencia un intercambio de recursos valiosos. Puede ser un intercambio directo (es decir, yo te ofrezco un acto de asistencia instrumental y tú me ofreces otro a cambio) o un intercambio diferido (es decir, si yo te doy espacio para que te desahogues, estoy creando una cultura de apoyo que estará ahí en caso de que yo la necesite). Esto hace que la inclusión interpersonal parezca «interesada», pero los encuestados se esforzaron en restarle importancia a esa connotación. Preferían pensar en la inclusión interpersonal en términos de ayudar a un compañero en lugar de «cobrarse los favores». No obstante, la realidad era que cada intercambio reforzaba la sensación de inclusión entre compañeros (es decir, mi compañero se preocupa por mí) y proporcionaba los recursos instrumentales y emocionales prácticos necesarios para hacer el trabajo.

Y lo que es más importante, dado que la inclusión interpersonal es un proceso recíproco, cualquiera puede iniciarla. Esto supone un desafío para la conceptualización tradicional de la inclusión como una experiencia pasiva por naturaleza, en la que las personas esperan recibir un acto de inclusión por parte del grupo dominante o del líder. Resulta que la inclusión puede ser una experiencia tanto pasiva como activa, ya que la mitad de los entrevistados dijeron que incluían activamente a los demás como estrategia para sentirse ellos mismos más incluidos. Además, lo hacían usando una o más de las tres conductas de inclusión interpersonal para generar una respuesta recíproca. Evidentemente, no siempre funcionaba, pero sí les situaba en una posición más favorable. Este es un mensaje muy empoderador.

¿Adónde nos lleva todo esto? Los entrevistados dijeron que estos pequeños comportamientos tenían un enorme impacto sobre la motivación y la energía («Si te sientes incluido, quieres ir a trabajar todos los días, te sientes más motivado»), así como sobre la seguridad psicológica y, por tanto, sobre el flujo de información y la rapidez con que se resuelven los problemas (reduciendo así la duplicación de esfuerzos). Este tipo de actos también facilitan un mayor conocimiento de las habilidades de los compañeros y, en consecuencia, emparejamientos laborales más idóneos que ayudan a los trabajadores a crecer y desarrollarse en su puesto. En resumen, la inclusión interpersonal entre compañeros permite retener y desarrollar la calidad del capital humano de los trabajadores y, de esta manera, contribuye a mejorar la eficacia de los equipos en general.

La otra cara de la moneda: la exclusión es dañina y normalmente sutil

No todo es un camino de rosas. Los entrevistados me describieron la exclusión interpersonal como la antítesis de la inclusión interpersonal, si bien era más probable que se manifestara por omisión que por acción. En otras palabras, la mayoría de las veces, la exclusión interpersonal se percibía mediante la ausencia de asistencia instrumental, la carencia de vínculos emocionales o de una conexión manifiesta, más que por un acto intencionado, como podría ser un comentario malicioso.

Por ejemplo, vi a gente apoyar sistemáticamente a algunos compañeros, pero no a otros (y no tenía que ver con que esos compañeros lo merecieran más o menos). Oí a gente rechazar invitaciones para comer y a otra responder sin entusiasmo ante las ideas de algunos, pero animadamente ante las de otros (una vez más, sin importar la calidad de la idea).

Puesto que estos actos se daban por omisión y eran de pequeña escala, resultaba difícil para el compañero excluido señalarlos y nombrarlos como lo que eran. No obstante, disminuían la motivación, limitaban los canales de comunicación y provocaban que la gente reprimiera su esfuerzo discrecional.

Lamentablemente, en ambas fases de mi estudio observé que aquellos que se identificaban a sí mismos como personas diferentes del grupo, tenían el triple de probabilidades de experimentar actos de exclusión interpersonal que aquellos que se consideraban similares. Algunos de estos actos parecían intencionados, pero había muchos otros aparentemente inconscientes. La gente no parecía ser consciente de los distintos comportamientos que tenía hacia cada uno de sus compañeros y, además, subestimaba el impacto de sus pequeños actos de exclusión interpersonal sobre ellos, tanto en términos de rendimiento laboral como de la propia eficacia del equipo. En esencia, no eran capaces de reconocer ni dar importancia al hecho de que la exclusión interpersonal es una conducta contraproducente, porque restringe el acceso a una fuente más amplia de recursos y crea una cultura del trabajo más transaccional.

Si el objetivo de una empresa es crear una cultura inclusiva para atraer y retener el talento, estas investigaciones revelan la importancia de centrarse en las relaciones (horizontales) entre compañeros. Así pues, complementan las políticas organizacionales sobre diversidad y las prácticas de liderazgo inclusivo (vertical). Además, ofrecen conocimientos prácticos sobre cómo hacerlo, identificando la naturaleza de la inclusión interpersonal y facilitando así que la gente muestre estos comportamientos de forma consciente y equitativa con sus compañeros.

En resumen, prestar mucha más atención a estos pequeños actos de asistencia instrumental, vínculo emocional y conexión corporal pueden marcar toda la diferencia, especialmente por el hecho de que, en las jerarquías cada vez más horizontales, como han escrito Dan Chiaburu y David Harrison,[2] «los compañeros de trabajo no son solo una parte esencial del entorno social en el trabajo, sino que, literalmente, pueden definirlo». En otras palabras, los compañeros de trabajo son quienes ayudan a definir lo que significa trabajar en un lugar inclusivo y, por lo tanto, en sintonía con las políticas organizativas y los líderes inclusivos. Fomentar relaciones más inclusivas entre compañeros puede ayudar a los equipos a ser más eficaces y a las empresas a alcanzar sus objetivos.

JULIET BOURKE es profesora de prácticas de la School of Management and Governance, UNSW Business School, University of New South Wales y consultora de empresas. Es la autora de *Which two heads are better than one: The extraordinary power of diversity of thinking and inclusive leadership*.

Notas

1. Wiebren S. Jansen y otros, «Inclusion: Conceptualization and measurement», *European Journal of Social Psychology* 44, nº4 (2014): 370-385.
2. Dan S. Chiaburu and David A. Harrison, «Do peers make the place? Conceptual synthesis and meta-analysis of coworker effects on perceptions, attitudes, OCBs, and performance», *Journal of Applied Psychology* 93, nº 5 (2008): 1082-1103.

Adaptado a partir de «3 small ways to be a more inclusive colleague», en *hbr.org*, 13 de diciembre de 2021 (producto #H06Q9C).

5

Reconocer y responder a las microagresiones

Ella F. Washington

En el trabajo, todos hemos estado en situaciones en las que alguien dice o hace algo que resulta agresivo u ofensivo hacia algún aspecto de nuestra identidad (y esa persona ni siguiera se da cuenta). Este tipo de actos (afirmaciones, preguntas o suposiciones insensibles) se denominan «microagresiones» y pueden afectar a muchos aspectos de lo que somos. Podrían estar relacionadas, por ejemplo, con la raza, el género, la sexualidad, la situación parental, la procedencia socioeconómica, la salud mental o cualquier otro aspecto de nuestra identidad.

Muy a menudo, las microagresiones se dirigen a grupos de identidad tradicionalmente marginados. Sin embargo, estos actos hirientes pueden afectar a cualquier persona, de cualquier origen y de cualquier nivel profesional. Una microagresión contra una mujer negra podría ser, por ejemplo: «Tú no eres como las otras personas negras que conozco» (indicando que la persona es diferente de los estereotipos de personas negras), mientras que una microagresión contra un hombre blanco sería: «Oh, tú nunca tienes que preocuparte de ser aceptado» (indicando que todos los hombres blancos siempre se sienten cómodos y aceptados). En esencia, las microagresiones se basan en una idea simple y dañina: «Puesto que tú eres X, probablemente eres/no eres o te gusta/no te gusta Y».

Una crítica que se hace al discurso de las microagresiones es que nuestra sociedad se ha vuelto «hipersensible» y que ahora los comentarios informales se exageran desproporcionadamente. Sin embargo, la evidencia científica respecto al impacto que las afirmaciones aparentemente inocuas pueden tener en nuestra salud física y mental es clara: mayores tasas de depresión, estrés y traumas prolongados, y molestias físicas como dolores de cabeza, presión arterial alta y dificultades con el sueño.[1] Las microagresiones pueden tener un impacto negativo sobre las carreras profesionales, ya que están relacionadas con una mayor fatiga laboral y una menor satisfacción en el trabajo, además de que, para recuperarse de ellas, hace falta una cantidad significativa de recursos cognitivos y emocionales. Las empresas prestan ahora más atención a cómo la cultura organizacional puede influir en el hecho de que los trabajadores quieran o no marcharse. En un estudio, siete de cada diez trabajadores dijeron que una microagresión les molestaría y la mitad dijeron que un acto así les haría plantearse dejar el trabajo.

Así pues, la realidad es que el impacto de las microagresiones no es tan pequeño como indica su nombre. Deben tomarse en serio porque, en esencia, son señales de falta de respeto y reflejan desigualdad.

Para crear lugares de trabajo inclusivos, acogedores y saludables debemos combatir activamente las microagresiones. Hacerlo implica comprender cómo se presentan y cómo hay que responder a ellas de forma productiva, tanto si las sufrimos nosotros como si las sufren nuestros compañeros. Los entornos de trabajo inclusivos no son solo deseables, sino que contribuyen positivamente al bienestar, y a la salud mental y física de los empleados.

Crear lugares de trabajo inclusivos implica tener conversaciones sinceras y rigurosas sobre temas difíciles como el sexismo, la homofobia o el racismo, y es natural que nos preocupemos por la posibilidad de cometer microagresiones en este tipo de conversaciones al decir algo inapropiado. Cuanto más conscientes seamos de cómo se presentan las microagresiones, más podremos trabajar para reducir su frecuencia en el trabajo. Con todo, la realidad es que todos cometemos errores, de modo que uno tiene que saber cómo actuar si comete o es testigo de una microagresión.

Como explico en mi libro *The necessary journey*, tomar conciencia es siempre el primer paso. Estas son algunas formas de concienciarse sobre las microagresiones, de interrumpirlas cuando las presenciamos y de fomentar culturas laborales con menos microagresiones.

Ser más consciente de las microagresiones

Hay muchas palabras y expresiones que tienen su origen en favorecer sistémicamente a los grupos dominantes de la sociedad. Por consiguiente, gran parte de nuestra forma de expresarnos tiene su origen histórico en el racismo, el sexismo u otras formas de discriminación. Los siguientes términos, por ejemplo, que uno puede escuchar ocasionalmente en su lugar de trabajo, tienen connotaciones hirientes:

- «Lista negra» hace referencia a una lista de cosas que se consideran negativas, en contraposición con «lista blanca», una lista de cosas que se consideran positivas.

- «Sé un hombre» equipara el género con la fuerza o la capacidad.

- «Gallinero» (en inglés, *«peanut gallery»* que significa «galería de los cacahuetes») es una expresión que surgió en el siglo XIX para referirse a las secciones de los teatros segregados que solían ocupar las personas negras.

Estas palabras y expresiones pueden sacar a relucir discriminaciones actuales o pasadas. Dedicar un tiempo para cuidar el lenguaje que utilizamos es una parte importante de tratar a los demás con respeto. Aunque es poco realista conocer todas las trampas culturales que se esconden en el lenguaje, el objetivo es estar atento al origen de las expresiones comunes y, lo más importante, cambiar nuestro uso de estos términos si nos damos cuenta de que son problemáticos. Por ejemplo, si lo que quieres es animar a alguien, decirle que «esté a la altura del momento» o que «sea valiente» es mejor que recurrir al «sé un hombre». Cuesta trabajo desaprender la multitud de palabras y expresiones conflictivas de nuestro léxico cultural, pero a la mayoría de la gente no le resulta tan difícil una vez que se propone ser más inclusiva de forma activa.

Estos son algunos ejemplos de varios tipos de microagresiones que uno puede escuchar dentro y fuera del lugar de trabajo:

- Raza/etnia

  - «No me había dado cuenta de que eras judía, no lo pareces», indicando que una persona de origen judío tiene un aspecto estereotípico. (Se afirman, por supuesto, cosas parecidas sobre personas de muchas procedencias).

  - «Creo que la persona más cualificada es quien debería conseguir el trabajo», indicando que a alguien le están dando una ventaja injusta por su raza.

- Ciudadanía

  - «Tienes muy buen acento», señalando que las personas con distinta lengua materna son generalmente menos capaces de hablar bien.

- «Pero ¿de dónde eres, *en realidad*?», indicando que el lugar en que las personas han crecido no es su «verdadero» origen. Esta microagresión la suelen sufrir personas pertenecientes a minorías raciales o étnicas que hacen suponer a los demás que son inmigrantes.

- Clase

  - «¿Cómo conseguiste entrar en esa universidad?», indicando que la procedencia de esa persona la convierte en una anomalía en una universidad prestigiosa.

  - «No parece que fueras pobre de pequeña», indicando que alguien de determinada procedencia socioeconómica debería aparentar o comportarse de cierta forma.

- Salud mental

  - «Es de locos» o «Es una locura», usando terminología relacionada con la enfermedad mental para describir sorpresa o asombro.

– «No parece que estés deprimida. Yo también estoy triste a veces», minimizando las experiencias de las personas con enfermedad mental.

– «¡No tengas en cuenta mi TOC!», aprovechando el acrónimo del trastorno obsesivo compulsivo (una enfermedad mental en la que te invaden pensamientos y temores obsesivos que pueden desembocar en compulsiones) para aludir a la atención al detalle o a ser meticuloso u organizado.

- Género

    – «No seas tan sensible», indicando que alguien, probablemente una mujer, está siendo *demasiado emocional* en una situación en la que un hombre sería más objetivo.

- «Gracias, cielo» y comentarios parecidos a menudo dirigidos a las mujeres, que muchas veces no son bien recibidos o incluso son ofensivos.

• Sexualidad

- «Eso es muy gay», para decir que algo es malo o indeseable, indicando que ser gay está asociado a características negativas o indeseables.

- «¿Tienes marido/mujer?», adoptando la cultura y las conductas heteronormativas en lugar de usar una fórmula más inclusiva como: «¿Tienes pareja?».

• Situación parental

- «Como no tienes hijos puedes trabajar hasta más tarde, ¿verdad?», indicando que alguien que no tiene hijos no tiene vida fuera del trabajo.

En el lugar de trabajo, las microagresiones pueden darse en todo tipo de conversaciones. Pueden ocurrir, por ejemplo, en un proceso de contratación cuando alguien evalúa a un candidato de una procedencia distinta a la suya; durante una evaluación de rendimiento, cuando alguien destaca los aspectos positivos o negativos de un empleado; o en atención al cliente cuando alguien interactúa con clientes que tienen una lengua materna distinta de la suya. Todos deberíamos tomar más conciencia sobre las microagresiones en general, pero en entornos profesionales debería extremarse la atención y el cuidado del lenguaje que utilizamos.

Responder a las microagresiones

Cuanto más consciente seas de las microagresiones, inevitablemente te darás cuenta de que están ocurriendo y te preguntarás si debes intervenir o cómo hacerlo. Tal como se aconseja a las víctimas de una microagresión, tienes la opción de responder en el momento, de hacerlo más tarde o de dejarlo pasar.

No hay una única forma correcta de abordar las microagresiones, pero estas son algunas consideraciones que puedes tener en cuenta cuando presencies una:

1. ¿Cuál es el momento adecuado para decir algo?

Analiza el entorno y busca la forma de crear un espacio seguro para la conversación. Piensa en si es mejor tener la conversación en el mismo momento en que se produce la microagresión (posiblemente delante de otras personas) o en privado.

En algunas situaciones, abordarlo al instante puede ser suficiente. Por ejemplo, si en una reunión alguien confunde accidentalmente el género de un participante, un líder podría decir: «Asegurémonos de que estamos usando los pronombres correctos de cada uno», y seguir con la reunión. De esta forma, el hecho de señalar las microagresiones se normaliza y se crea una cultura de corrección positiva cuando ocurren.

Pero a nadie le gusta que le pongan en un apuro, y es mucho más probable que la conversación se ponga tensa si tu compañero siente que le estás reprendiendo. De modo que, si necesitas llamar la atención a alguien, intenta crear un entorno seguro en el que podáis entablar una conversación honesta y rigurosa (sin ningún cliente ni otros compañeros presentes) para poder decirle: «Oye, sé que no lo has dicho con esa intención, pero no usemos expresiones como...».

2. ¿Qué relación tienes con la persona que ha hecho el comentario?

¿Tienes una relación personal con quien ha cometido la microagresión? Si es así, tal vez puedes decir sencillamente: «Oye, antes has hecho un comentario que no me ha gustado».

En cambio, si no tienes una relación personal con tu compañero, quizá te convenga pensar en lo que sabes sobre su personalidad (¿tiende a ser combativo?) y sobre su historial en cuanto a conversaciones incómodas (¿es generalmente accesible?). Tal vez necesites implicar a otros compañeros con los que tenga una relación más cercana.

3. ¿Qué conocimientos tienes sobre el tema de la microagresión?

Sé honesto sobre lo que sabes del tema en cuestión. Por ejemplo, tal vez te des cuenta de que un comentario es una microagresión racista, pero no conoces la historia que hay detrás ni todas sus implicaciones. En ese caso, está bien hablar con esa persona, pero debes reconocer que no eres una autoridad en el asunto. Por lo tanto, plantéate aprender más o hablar con alguien que conozca mejor el tema.

Una vez que te has dado cuenta de que se ha cometido una microagresión y decides actuar, es importante recordarles a tus amigos y compañeros la diferencia entre la *intención* y el *impacto*. Aunque la persona que hablaba no haya tenido la intención ofender, uno debe ser consciente del impacto de su comentario. La intención no invalida ni excusa el impacto real. Por ejemplo, podrías decirle: «Seguramente tu intención era que tu afirmación se interpretara como _____, pero yo la he recibido como _____». A veces, el simple hecho de subrayar la diferencia entre la intención y el impacto puede ser revelador para la otra persona.

Si te das cuenta de que tú has cometido una microagresión

Si alguien te comenta que has dicho algo ofensivo, es un buen momento para hacer una pausa y reflexionar sobre cuál es la mejor forma de gestionar la situación. Estos son algunos pasos que puedes dar usando tu inteligencia emocional.

Tómate un momento para hacer una pausa

Que nos llamen la atención puede ponernos a la defensiva, así que respira profundamente y recuerda que todo el mundo comete errores. En la mayoría de los casos, cometer una microagresión no significa que seas una mala persona; pero indica que tienes una oportunidad para tratar a un compañero con mayor respeto y para crecer en tu viaje hacia la diversidad, la equidad y la inclusión.

Tomarte un momento para respirar y reflexionar puede ayudarte a evitar una reacción emocional y decir algo impulsivo que podría empeorar la situación.

Pide aclaraciones

Si no estás seguro de lo que has hecho para ofender a tu compañero, invita al diálogo pidiendo una aclaración. Di: «¿Podrías aclararme qué querías decir con eso?».

Escucha para entender

Escucha el punto de vista de tu compañero, incluso cuando no estés de acuerdo. En las conversaciones incómodas, con demasiada frecuencia escuchamos solo para encontrar una oportunidad de hablar y expresar nuestras propias opiniones en lugar de escuchar de verdad para entenderlo. Para asegurarte de que has comprendido el punto de vista de tu compañero, puedes reformular o parafrasear lo que has escuchado: «Creo haber oído que decías _____ [parafrasea su comentario]. ¿Es así?».

Reconoce tus errores y pide disculpas

Una vez que hayas entendido que has cometido un error, tienes que reconocer la ofensa y disculparte con sinceridad por tu comentario. Es un momento para ser honesto, tanto si desconocías el origen de una expresión como si hiciste un comentario irrespetuoso. Por ejemplo, podrías decir algo como: «Ahora entiendo mejor por qué me equivoqué en esta situación. Trabajaré para ser más consciente de _____ [el tema en el que necesitas mejorar tus conocimientos culturales]».

Crea espacio para retomar la conversación

La mayoría de estas conversaciones difíciles requieren más de una charla para resolverlas. Date a ti y a tu compañero la oportunidad de retomar el asunto en el futuro para seguir con la conversación, especialmente, si puede ser con la cabeza más fría. Puedes decir algo como: «Me encantaría hablar más sobre esto en el futuro si tienes alguna otra observación. Te agradezco que hayas dedicado tiempo para compartir tu punto de vista conmigo».

Lo que los líderes deberían saber

Aunque las microagresiones suelen darse en el ámbito individual, las empresas que dicen estar comprometidas con la inclusión deberían tener tolerancia cero ante el lenguaje excluyente o discriminatorio hacia cualquier empleado. Los líderes deberían establecer las pautas facilitando formación sobre temas como las microagresiones. Aun así, dada la naturaleza insidiosa de las microagresiones, los líderes y los profesionales de RR. HH. tienen la responsabilidad de corregir a la gente cuando saben que estas ofensas han ocurrido.

Muchas microagresiones pueden convertirse en parte de la cultura de una empresa si no se corrigen. Por ejemplo, he trabajado con algunas empresas en las que se confundía a menudo a personas de la misma raza y esto se pasaba por alto, quitándole importancia como si se tratara de una equivocación involuntaria.

Aunque todos cometemos errores, cuando este tipo de incidentes suceden sistemáticamente con los mismos colectivos, los líderes deben corregir este comportamiento. En una ocasión un cliente me comentó que en su equipo tenían un problema porque había dos mujeres asiáticas y a menudo confundían sus nombres, como si fueran intercambiables. Recomendé a este cliente que corrigiera al momento y de forma educada estas faltas, y le proporcioné cierta información a la empresa sobre por qué es ofensivo confundir a personas de la misma raza. Una de las iniciativas que aplicó la empresa fue promover que los empleados aprendieran los nombres de cada uno y se aseguraran de tener interacciones individuales con los nuevos compañeros para saber más sobre ellos. Incluso, al regresar a la oficina después de haber trabajado a distancia durante la pandemia, organizaron una actividad con premio para aprenderse los nombres. De esta forma, la empresa no solo llamó la atención sobre conductas inapropiadas, sino que, además, cambió la cultura organizacional al dejar claro que saber los nombres de los compañeros era una exigencia para todos los miembros del equipo.

Por último, mejorar nuestra capacidad para detectar y responder a las microagresiones (y ser más conscientes de nuestra forma de expresarnos a diario) es un viaje que tiene efectos reales sobre nuestra salud mental y nuestro bienestar en el trabajo. Las microagresiones afectan a todo el mundo, de modo que crear culturas más inclusivas y culturalmente competentes en los lugares de trabajo implica que cada uno de nosotros debe explorar sus propios sesgos para ser más consciente de ellos. El objetivo no es comunicarnos con miedo, sino abrazar la oportunidad de corregir nuestros errores. Crear culturas inclusivas en las que la gente pueda prosperar no es algo que suceda de la noche a la mañana. Requiere de un proceso continuo de aprendizaje, evolución y crecimiento.

ELLA F. WASHINGTON es psicóloga empresarial; fundadora y CEO de Ellavate Solutions, una empresa de estrategia DEI; profesora de prácticas de la Georgetown University's McDonough School of Business; y copresentadora del pódcast

Cultural competence del Gallup's Center of Black Voices. Es autora de *The necessary journey: Making real progress on equity and inclusion* (Harvard Business Review Press, 2022).

Nota

1. «Understanding racial microagression and its effect on mental health», pfizer.com, 26 de agosto de 2020, https://www.pfizer.com/news/articles/understanding_racial_microaggression_and_its_effect_on_mental_health.

Adaptado a partir de «Recognizing and responding to microagressions at work», en hbr.org, 10 de mayo de 2022 (producto #H07195).

6

Aprovecha
la empatía

Irina Cozma

« Trata a los demás como te gustaría ser tratado».
¿Cuántas veces escuchaste esta frase cuando eras pequeño? Después de que le robaras el juguete a otro niño o hirieras los sentimientos de alguien, probablemente, tus padres te recordaran rápidamente la «Regla de Oro». Para muchos de nosotros, esta fue nuestra primera introducción al concepto de empatía. Y es muy probable que (consciente o inconscientemente) sigas usando esta frase como criterio de referencia para ayudar a los demás.

Pero en nuestro lugar de trabajo, con nuestras distintas preferencias, procedencias culturales, disciplinas profesionales, edades, géneros, orientaciones sexuales, etc., tratar a los demás como te gustaría que te trataran *a ti* no es siempre la mejor opción. Aunque puede ser útil para ponerte en la piel de otra persona, también puede llevarte a hacer suposiciones basadas en tu propio punto de vista y no el de los demás.

Es hora de adoptar la «Nueva Regla de Oro»: trata a los demás como *les* gustaría ser tratados. Es un pequeño cambio, pero puede marcar una gran diferencia. Todo lo que hace falta para poner en práctica esta nueva mentalidad es comprensión, curiosidad y consenso.

Cuestiona tus suposiciones

Yo soy introvertida, me gusta trabajar desde el despacho de mi casa y las reuniones por Zoom me resultan más sencillas que las reuniones cara a cara. Este escenario me funciona y me hacer sentir cómoda. Todas las personas introvertidas deben sentirse igual, ¿verdad?

¡Por supuesto que no! El hecho de que las personas introvertidas compartamos estos rasgos de personalidad no significa que todas queramos lo mismo o nos gusten las mismas cosas. Es importante tener esto en mente cuando apliquemos la Nueva Regla de Oro.

Recuerda: todos somos una combinación única de genes, experiencias y deseos. Incluso aunque compartas los mismos rasgos de personalidad, aficiones, intereses, procedencia o generación con alguien, no significa que esa persona piense exactamente como tú. Esto es aún más cierto si pensamos en las preferencias de aquellas personas distintas a ti.

Cuando estés haciendo suposiciones sobre otra persona, pregúntate: ¿De dónde vienen estas creencias? ¿Qué información me falta? ¿Por qué pienso que mis suposiciones son ciertas? ¿Hay explicaciones o posibilidades alternativas? ¿Mis suposiciones se basan en mis propias experiencias y mi forma de entender el mundo (y, si es así, parto de un sesgo)?

Hacer generalizaciones sobre los demás y su personalidad puede ser muy peligroso (la mayoría de las veces nuestras generalizaciones son inexactas).

Pregunta y escucha

Imagina la siguiente situación: estás moderando una reunión vía Zoom y uno de tus compañeros se conecta con la cámara apagada. ¿Qué suposiciones te vienen a la cabeza? ¿Tiene algún problema? Tal vez hoy no se encuentre bien. ¿Está en modo multitarea durante la conversación?

A ti personalmente te gusta tener la cámara encendida (hacerlo te ayuda a prestar más atención, te exige responsabilidad y te hace sentir más conectado con tus compañeros). ¿Por qué no querrían ellos lo mismo?

Aquí vemos lo rápido que nuestras suposiciones se apoderan de nosotros. Por eso, la mejor forma de saber cómo quiere ser tratada la otra persona es preguntárselo directamente. En este caso, por ejemplo, podrías preguntar a los miembros de tu equipo si prefieren tener las cámaras encendidas o apagadas durante las reuniones, y usar esta información para establecer una política que haga que todo el mundo se sienta cómodo y en sintonía.

Estos son algunos otros ejemplos de preguntas que puedes hacer a las personas de tu entorno y que te pueden resultar útiles:

- «¿Cómo prefieres comunicarte, por correo electrónico o por Slack?»

- «¿Sigue siendo un buen momento para conectarnos?»

- «No me quedó claro a qué te referías cuando has dicho [frase]. ¿Puedes decirme algo más sobre ello?»

- «¿En qué formato necesitas la información sobre este proyecto?»

No todo el mundo tendrá iniciativa para hacer estas preguntas, de modo que, si tienes dudas, no temas comunicar a los demás tus preferencias. Las suposiciones pueden inducir al error. Revelar nuestras preferencias y hacer más preguntas puede ayudar a solventar los malentendidos.

Sustituye «o» por «y»

Ir más allá de las suposiciones y considerar lo que prefieren los demás no implica dejar de lado tus propias necesidades. Cuando nuestras preferencias son distintas a las de los demás, es esencial buscar una solución que funcione para todas las personas involucradas.

Volvamos a la situación de la reunión virtual. Tu compañero prefiere tener la cámara apagada. Tú prefieres tener la tuya encendida. Esta configuración funciona para ambos: no tiene por qué ser una batalla entre los dos. Cuanto más puedas satisfacer las preferencias de la mayoría, mejor. Así que, siempre que te encuentres en una situación aparentemente de «o», da un paso atrás y busca un «y».

Evidentemente, en algún momento te encontrarás en una situación en la que el acuerdo no es posible. Si es el caso, es mejor buscar algún denominador común. Tal vez no podáis estar de acuerdo en todo, pero intentad acordar al menos una cosa. Buscad ese pequeño «todos ganan».

Todos debemos ser más conscientes cuando hacemos generalizaciones o suposiciones. Cuando confiamos demasiado en nuestros propios puntos de vista, pasamos por alto los diversos puntos de vista que nos rodean. Adoptar la Nueva Regla de Oro nos ayudará a todos a sentirnos más considerados y escuchados.

IRINA COZMA es una coach laboral y ejecutiva que da apoyo a los profesionales para tener mejores aventuras profesionales. Ha sido coach de cientos de ejecutivos de la lista *Fortune* 500 de multinacionales como Salesforce, Hitachi o Abbott. Irina también es coach de empresas emergentes y en el MBA de medicina de la Universidad de Tennessee. Puedes descargarte su guía profesional gratuita en irinacozma.com/career-guide para ayudarte a preparar tu próxima aventura profesional.

Adaptado a partir de «It's time to stop following 'The Golden Rule'», en Ascend, en hbr.org, 2 de agosto de 2022.

7

La inclusión empieza con el sentimiento de pertenencia

DDS Dobson-Smith

Los humanos somos seres sociales. Tenemos profundamente arraigada la necesidad de agradar, y de ser respetados y aceptados por nuestros iguales. Algunas veces, esta necesidad es tan fuerte que nos impulsa a alterar nuestra conducta a cambio de aprobación. En el trabajo, en la escuela y en otras instituciones sociales, esto sucede todos los días. La gente cuyas identidades no se ajustan a la norma del grupo dominante a menudo se ven presionadas a presentarse de forma fingida para «encajar». En estas circunstancias, es difícil llegar a tener un sentimiento de pertenencia.

Como ejemplo, supongamos que trabajas en una empresa que contrata y crea productos para hombres predominantemente blancos, heterosexuales, cisgénero, sin discapacidades, de clase media y delgados. Supongamos también que tú tienes pocas de estas cualidades. ¿Te sientes cómodo en ese lugar de trabajo? Probablemente, no. De hecho, es posible que quieras esconder determinados aspectos de tu vida para parecer menos «diferente». En esa hipotética empresa, una madre no hablaría de sus hijos porque creería que esto limitaría sus oportunidades de crecimiento; una persona *queer* tal vez no mencionaría su relación con alguien de su mismo sexo para evitar ser juzgada; y un hombre de raza negra ocultaría sus inquietudes por los asesinatos con motivaciones racistas, porque ¿quién podría identificarse y comprender sus sentimientos?

Si tienes un aspecto o un estilo distinto, o si amas y piensas de forma diferente que la mayoría de la gente que está a tu alrededor, ya sabes de lo que hablo. Y también sabes que tiene un coste (emocional, físico y mental).

Aunque la cuestión aquí es sistémica y, en última instancia, debe ser resuelta por la cúpula directiva, tampoco tienes que esperar sentado a que el cambio llame a la puerta. El sentimiento de pertenencia es único, en el sentido de que no solo depende de tu empresa, tu jefe o tus compañeros de equipo. Tú también tienes un papel que desempeñar, y este empieza con la autoaceptación.

Descubre tu poder

Cada uno de nosotros tiene el poder de aceptar y honrar lo que cada uno es en esencia. Esto supone ser conscientes de nuestras cualidades, valores y elecciones independientemente de cómo pensemos que nos perciben los demás, y mostrarnos tal como somos y creer en nosotros mismos primero.

La autoaceptación se da a través de un proceso de autodescubrimiento y autoconciencia. Es un estado que experimentamos cuando aceptamos y estamos orgullosos de todo lo que somos y todo lo que no somos todavía. Cuando aceptamos cada una de nuestras partes, la presión de tener que actuar de una determinada forma o de reprimir nuestra verdadera naturaleza se disipa. Creamos un espacio para ser nosotros mismos donde, al final, podemos dar lo mejor de nosotros, tanto en el trabajo como con nuestros clientes o nuestras relaciones.

Solo cuando nos *gustamos* y nos cuidamos como cuidaríamos a un ser querido empezamos a sentir que merecemos ser visibles y sentimos que encajamos.

¿Qué obstaculiza la aceptación de uno mismo?

Aunque uno de los mayores obstáculos es la sociedad, nosotros mismos también lo somos. La autoaceptación puede ser esencial para nuestro bienestar, nuestra felicidad o nuestro trabajo, pero no es algo que podamos conseguir de un día para otro. Requiere una práctica constante para superar los prejuicios contra nosotros mismos que nos han inculcado desde la niñez. Para entender por qué sucede esto, hay que empezar por el principio.

La mayoría de los bebés y niños pequeños se desarrollan a la velocidad de la luz, más rápido de lo que nuestro cerebro adulto puede imaginar. Cuando somos niños pequeños, se generan en nuestros cerebros conexiones básicas, se crean sinapsis y absorbemos información indiscriminadamente. Buena parte de este conocimiento es fruto de las interacciones con nuestros cuidadores inmediatos, la familia y los amigos. A medida que crecemos, este círculo se extiende a escuelas, instituciones religiosas, lugares de trabajo, comunidades y medios de comunicación (la cultura popular y las costumbres, creencias y objetos que sean tendencia en cualquier momento).

Al llegar a la adolescencia, la mayoría hemos aprendido (inconsciente o conscientemente) lo que nuestra sociedad promueve y favorece. En la mayoría de las culturas, esto se manifiesta como un conjunto de características o marcadores de identidad innatos. Por ejemplo, en este momento, y desde hace siglos, en los marcadores de identidad del grupo dominante en los Estados Unidos incluyen ser blanco, hombre, cisgénero, heterosexual y no discapacitado.

Si pensamos en que desde que nacemos se nos condiciona para que determinadas características estén «de moda» o no, sean buenas o no tanto, favorables o desfavorables, la batalla que libramos con la autoaceptación resulta más fácil de entender. Además, este condicionamiento se agrava por la forma en que se han retratado las identidades históricamente marginadas en los medios tradicionales: la persona asiática como la más débil, la persona negra como el criminal, la persona trans como el enamorado solitario, la persona gay como el fiestero drogadicto o la persona discapacitada como el hazmerreír.

Quienes no somos parte del grupo dominante (y a veces, incluso, aquellos que sí lo son) interiorizamos estos mensajes cuando somos jóvenes y generamos creencias sobre lo que es o no es bueno, correcto y agradable. Inevitablemente, terminamos proyectando estos prejuicios sobre nosotros mismos, creando autoimágenes negativas y bajas expectativas sobre nuestras capacidades. Estas proyecciones o prejuicios interiorizados se convierten en nuestras verdades personales. Son armas que involuntariamente usamos contra nosotros mismos, y el daño emocional que nos causan nos impide alcanzar nuestro máximo potencial y reprimen nuestra experiencia de sentirnos orgullosos de nosotros mismos.

Este es el origen del tan conocido y universalmente experimentado fenómeno del síndrome del impostor. También es la razón por la que, de adultos, necesitamos trabajar para desaprender nuestros propios prejuicios, especialmente los que tenemos en contra de nosotros mismos. Y este trabajo no va a resultar sencillo.

Aunque estoy de acuerdo en que es un problema de la sociedad en general, debes saber que tenemos las herramientas para prosperar en cualquier circunstancia. Estos son algunos consejos sobre cómo recuperar poder reescribiendo nuestras narrativas y creencias individuales, y desarrollando el tipo de pensamientos y hábitos que darán lugar al cambio en el futuro.

Empieza por aprender a quererte

Si tienes por lo menos un marcador de identidad que provenga de un grupo marginal o infrarrepresentado, no se trata tanto de *si* has interiorizado el sexismo, el racismo, el capacitismo, la transfobia o la homofobia, sino de *cómo* se manifiesta e impacta en tu mundo interior y exterior. La buena noticia es que es posible desaprender tus prejuicios y reaprender a querer todo aquello que te hace ser quien eres, a pesar de lo que dicta el discurso dominante.

A partir de mi experiencia como terapeuta licenciado y como coach ejecutivo, te presento a continuación algunos consejos para ayudarte a empezar.

Respira

Pensar que tú mismo eres el obstáculo que te impide avanzar por culpa de prejuicios interiorizados es un concepto difícil de entender. Siéntate, relájate, y respira profunda y conscientemente mientras dejas que tus pensamientos afloren a nivel consciente.

La respiración enfocada te ayudará a no perderte en tus pensamientos o desequilibrarte emocionalmente. Las respiraciones profundas ralentizan nuestra bulliciosa mente y nos permiten observar con mayor profundidad lo que sentimos. Conectar con nuestra respiración y nuestro cuerpo es importante a la hora de confrontar nuestros prejuicios interiorizados y empezar un proceso de autodescubrimiento.

Revisa tu vida

Los prejuicios interiorizados están causados por nuestro entorno: los libros que leemos, los programas de televisión que vemos, la gente con la que nos relacionamos y a quién seguimos en nuestras redes sociales. Así pues, examina tu entorno. ¿Te rodeas de gente y de cosas que validan tu identidad? ¿Tu entorno te hace sentir inferior o poderoso?

Márcate como prioridad llenar tu vida (en el trabajo y en casa) de influencias positivas para ti. En el trabajo, ponte en contacto con los grupos de recursos para los empleados de tu empresa (*employee resource groups,* ERG) para conectar con personas que representen tu identidad interseccional. Si tu empresa no facilita los ERG, entonces emprende una búsqueda por tu zona de grupos de apoyo entre iguales, clubes o asociaciones dedicadas a personas como tú.

Fuera del ámbito laboral, analiza tus grupos de amigos, los contenidos que consumes y las experiencias que buscas en las redes sociales. Asegúrate de que estas áreas de tu vida sean ricas, te den energía, te reafirmen y no te desgasten

Edúcate sobre ti mismo

Cuando interiorizamos mitos y desinformación sobre nuestra identidad, podemos sentir (muchas veces inconscientemente) que no valemos tanto como la gente que forma parte del grupo dominante.[1] Quizá actuemos para reforzar esta creencia y dejemos de ser nosotros mismos en los espacios incómodos, como en el trabajo. Por lo tanto, tomar conciencia es esencial.

Para desaprender las lecciones sesgadas que nos impusieron de pequeños, tenemos que volver a enseñarnos la verdad sobre nuestra historia (que también es la tuya). Aprender más sobre las estructuras sociales que mantienen la opresión y la exclusión te ayudará a reformular tus prejuicios interiorizados a partir de desvelar sus orígenes. Además, aprender la historia de tus comunidades y cómo la gente que te precedió combatió las adversidades es el primer paso para adquirir autoconciencia, que es lo que lleva al empoderamiento y a la aceptación.

Por ejemplo, todo lo que hemos aprendido ha estado sujeto a los sesgos y los puntos de vista de quien nos daba la lección, ya fuera un familiar, un profesor de secundaria, un libro de la biblioteca o un vídeo de YouTube. En el proceso de aprender sobre uno mismo, debes estar dispuesto a desaprender y sentirte incómodo: en ese proceso de deconstrucción, dejar que las verdades se conviertan en mentiras no siempre es fácil. Mi consejo es simple: no creas todo lo que piensas. Aprende a cuestionar tus propias opiniones poniendo en duda de dónde y de quién provienen, y pregúntate qué evidencias tienes para probarlas o refutarlas.

Algunas personas deciden hacer este trabajo con un terapeuta que pueda proporcionarles un espacio seguro, reconfortante y objetivo. Otras personas eligen plasmar sus reflexiones en un diario para canalizar sus pensamientos y emociones a lo largo del tiempo, y otras muchas deciden hacer ambas cosas. Para abrir la puerta al desaprendizaje (y al reaprendizaje), recomiendo tres fantásticos pódcast de la serie *Scene on Radio* (*Seeing white, Men* y *The land that has never been yet*) que son una poderosa fuente de conocimiento y aprendizaje basada en hechos reales. También vale la pena escuchar otro pódcast fantástico de NPR, *Hidden brain: «Man up»*.

Sé amable contigo

Desmontar y examinar tus prejuicios interiorizados puede hacer aflorar recuerdos y asociaciones desagradables; puede resultar difícil y provocar remordimiento, culpa o vergüenza. Por este motivo, por favor, haz este trabajo con autocompasión y empatía. Debes saber que estos sentimientos complejos son válidos y son parte de tu proceso de superación y de autoaceptación. No huyas de ellos. En lugar de eso, ten curiosidad por cómo y por qué han surgido. Esta es la única forma de crecer y ser más amable contigo en el futuro.

———————

El sentimiento de pertenencia es una experiencia arquetípica que buscan todos los seres humanos. Trasciende geografías, generaciones y genotipos. Cuando nos damos cuenta de que no estamos solos en nuestro deseo de encajar, entonces podemos vivir con mayor empatía (no solo hacia los demás, sino también hacia nosotros mismos). Y es con este espíritu de empatía hacia nosotros mismos con el que podemos desmantelar suave y amablemente cualquier prejuicio y abrirnos a mayores niveles de autoaceptación.

DDS DOBSON-SMITH es terapeuta licenciado, escritor, coach ejecutivo, experto en desarrollo del liderazgo y maestro de *reiki*, todo ello al servicio de ayudar a los demás a crecer y convertirse en quienes son. Es fundador de SoulTrained, una consultoría de coaching ejecutivo y de desarrollo del liderazgo, y autor de dos libros: *You can be yourself here: Your pocket guide to creating inclusive workplaces by using the psychology of belonging* y *Leadership is a behavior not a title: Your pocket guide to being a leader worth following.* Puedes aprender más en www.soultrained.com.

Nota

1. «Section 3. Healing from the effects of internalized oppression, Chapter 27. Working together for racial justice and inclusion», Cultural competence and spirituality in community building, Community Toolbox, Center for Community Health and Development de la Universidad de Kansas, https://ctb.ku.edu/en/table-of-contents/culture/cultural-competence/healing-from-interalized-oppression/main.

Adaptado a partir de «A sense of belonging starts with self-acceptance», en Ascend, en hbr.org, 8 de agosto de 2022.

8

Deja de usar estas palabras y expresiones

Rakshitha Arni Ravishankar

ntenta hacer este experimento mental: estás sentado en tu escritorio y tu amiga te manda un artículo sobre un tema que te apasiona. Lo lees y le preguntas qué opina. Para tu sorpresa, su opinión es exactamente la opuesta a la tuya. Esto, evidentemente, te genera malestar. Esa misma noche, al explicarle a tu pareja lo que ha sucedido, ¿cómo describes el punto de vista de tu amiga?

Si has dicho que era «estúpido», «demencial», «de locos», «de cortos» o «tonto», has participado (inconscientemente o no) en propagar el lenguaje capacitista.

Es posible que te sorprenda saber que tu respuesta ha sido una forma de discriminación. La gente usa a diario palabras y frases capacitistas sin darse cuenta del daño que hacen.

El capacitismo se define como la discriminación o el prejuicio social hacia las personas con discapacidades, y se basa en la creencia de que las capacidades típicas son superiores. Puede manifestarse con una actitud, un estereotipo o un comentario o conducta directamente ofensivos. Si hablamos del lenguaje, el capacitismo se presenta en forma de metáforas («mi novio es un *tullido emocional*»), bromas («a ese cómico *se le va la olla*») y eufemismos («tiene *capacidades diversas*») en una conversación.

Como periodista formada en ciencias de la comunicación, dedico mucho tiempo a pensar sobre el lenguaje y las palabras que elegimos para expresarnos. Nuestras palabras (y nuestras razones para elegirlas) reflejan los tiempos en que vivimos. Del mismo modo que algunos términos históricamente racistas, sexistas y peyorativos se han eliminado, también se ha hecho con algunas ofensas capacitistas que se usaban para deshumanizar, estigmatizar e institucionalizar a las personas en el pasado. Sin embargo, demasiadas personas siguen usando a la ligera un lenguaje capacitista para ridiculizar, criticar o ignorar a los demás.

Mi intención no es avergonzar a nadie, sino ayudar a más personas a comprender cómo identificar y dejar de usar palabras y expresiones que refuerzan el capacitismo. Y para ello, me puse en contacto con varios defensores de los derechos de los discapacitados para conocer su visión.

Esto es lo que aprendí.

El capacitismo va más allá del lenguaje

El lenguaje es una herramienta que utilizamos para dar sentido a nuestras emociones y a nuestro entorno. Cuando describimos verbalmente las cosas, las experiencias y las personas que nos rodean, también les estamos asignando un valor, y ese valor tiene un impacto en cómo interactuamos los unos con los otros.

El lenguaje capacitista nos afecta principalmente de tres maneras.

1. Revela nuestros sesgos inconscientes

Lydia X. Z. Brown, una defensora de la justicia para los discapacitados, me dijo que nuestras actitudes hacia la discapacidad se muestran en el lenguaje que utilizamos. «Si pensamos que las personas con una enfermedad mental no deberían estar en nuestro lugar de trabajo, en nuestra vida, en nuestra familia o nuestro barrio, entonces es más fácil justificarlo usando palabras capacitistas», dijo Brown. «Puedes pensar: "Solo la gente loca hace estas cosas. Yo no lo hago y por tanto tengo el derecho de decirlo". Pero cuando la gente dice estas cosas, envía la señal a las personas con discapacidades psicosociales de que no somos bienvenidas».

Naturalmente, observó Brown, este lenguaje es solo una de las formas en las que se presenta el capacitismo. «Eliminando el capacitismo de tu vocabulario no lo eliminas de tu entorno».

El capacitismo puede ser flagrante, especialmente en el entorno laboral o el educativo. Puede serlo la falta de infraestructuras de accesibilidad o algo más insidioso, como las evaluaciones del rendimiento basadas en lo que tradicionalmente se consideran conductas «productivas» o «apropiadas».

Shain Neumeier, abogado y activista, añadió: «Lamentablemente, la gente puede no ser consciente de que garabatear durante una reunión [o una clase] puede ser tu forma de prestar atención, especialmente, si eres una persona con una discapacidad invisible. Tal vez piensen simplemente que es una conducta anómala en ese espacio».

2. Nos hace interiorizar prejuicios dañinos sobre la discapacidad

Cuando uno trata la discapacidad como una broma, una metáfora o un eufemismo, hace daño en dos sentidos. En primer lugar, extiende la idea de que es aceptable deshumanizar y estigmatizar a alguien con una discapacidad. En función de cómo sea nuestro círculo o grupo de amigos, podemos incluso estar autorizando a los demás a hacer lo mismo.

En segundo lugar, las personas discapacitadas pueden acabar interiorizando ellas mismas estos clichés. «La primera vez que la gente se ríe de ti o de personas como tú (aunque no vaya dirigido a ti), es una pequeña cosa más que añades a la cesta. Es como un empujón», dijo Neumeier. «Pero cuando te denigran cien veces, una y otra vez, empiezas a sentir que te faltan al respeto y se vuelve difícil estar cerca de los responsables de esos actos. En el entorno laboral, si hay desequilibrio en la dinámica de poder y el agresor es tu jefe, puede resultar muy difícil».

Neumeier también señaló que para una persona discapacitada puede resultar más fácil ignorar una ofensa o una expresión universalmente inaceptable (como «retrasado» o «enano») que confrontar constantemente las microagresiones. Si la persona que sufre discriminación no tiene un sistema de apoyo, puede empezar a pensar que es ella quien tiene algún problema y eso es peligroso.

3. Estigmatiza a personas que ya están marginadas

Allilsa Fernandez, activista en temas de salud mental y discapacidad, me dijo que usar palabras capacitistas puede desviar la atención de lo que uno intenta decir y normalizar la idea de que las discapacidades equivalen a insultos. Fernandez me explicó que, «cuando se dice que Trump es un *psicópata* o un *bicho raro* por sus posturas sobre la inmigración, acabamos centrándonos en esas palabras concretas sin abordar el problema real, es decir, qué es lo que no nos gusta sobre su política de inmigración».

Si queremos criticar el punto de vista de un político o la política de una administración (o, de hecho, cualquier cosa), Fernandez nos aconseja hablar sobre las razones por las que estamos de acuerdo o discrepamos. «Cuando se atacan las capacidades físicas o mentales de una persona en lugar de expresar realmente una opinión o idea, se estigmatiza más a las personas con discapacidad», dijo Fernandez.

Un esfuerzo consciente para mejorar tu vocabulario

Usar lenguaje capacitista no te convierte en una mala persona. Te convierte en una persona. Pero, si tienes el privilegio de cambiar tu vocabulario para mejor, entonces, ¿por qué no intentarlo?

Por eso, les pedí a mis entrevistados algunos consejos para principiantes. Estos fueron sus comentarios.

1. Reconoce la discapacidad que te rodea

Más de mil millones de personas en todo el mundo, aproximadamente el quince por ciento de la población, tienen algún tipo de discapacidad.[1] La gente con discapacidades representa una cuarta parte de la población estadounidense.[2]

La profesora Beth Haller imparte clases sobre discapacidad y medios de comunicación en la Townson University. Me explicó que, cuanto más conscientes somos de la discapacidad que nos rodea, menos probable es que la estigmaticemos como *algo que debe corregirse* y la miremos más como *algo que es*.

«Normalmente, la gente se sitúa en dos extremos. Se sienten mal por ti si eres discapacitado o se vanaglorian y se sienten *afortunados* por la vida que tienen (sin la discapacidad)», explicó. «Ambas cosas son de poca ayuda».

Haller dijo que, como sociedad, tenemos que abandonar la mentalidad de que una persona discapacitada tiene «menos que el resto de nosotros». Ahí es donde empieza la discriminación.

Consejo avanzado: No intentes acabar con la discapacidad, sino con la opresión.

2. Aprende, aprende, aprende

«Con la educación, ahí es por donde hay que empezar —dice Fernandez—. No es que la gente no se pare a pensar sobre el impacto que sus palabras tienen sobre los demás, es solo que el lenguaje tiene raíces muy profundas. Refleja nuestras familias, amigos, culturas e identidad». Según Fernandez, ser consciente de nuestros propios sesgos (muchos de los cuales adquirimos de las personas que hemos conocido, las experiencias que hemos tenido y los medios de comunicación que hemos consumido a lo largo de nuestras vidas) es el primer paso para formarnos.

Otra forma de tomar conciencia de nuestros propios sesgos es escuchar más y hablar menos. Neumeier me dijo que pensara en la escucha como un medio para forjar relaciones más fuertes (en el trabajo y más allá). «Piensa en cada interacción que tengas como una forma de establecer un vínculo con los demás, en lugar de un choque de ideas. De lo contrario, todos nos sentiremos aislados».

Por último, Brown añadió que es importante que todo el mundo utilice los recursos publicados por personas discapacitadas. «Buscad artículos, libros, vídeos, pódcast y otros trabajos de autores y activistas discapacitados. Usad estas herramientas para aprender cómo funciona la discriminación o el capacitismo». Hacerlo te ayudará a reconocer cuando ocurra en la vida real, ya sea por tu parte o por parte de otra persona.

Consejo avanzado: Fórmate tú mismo y no confíes en los demás para que te enseñen.

3. No hagas suposiciones sobre la identidad de otra persona

Las reglas del lenguaje están evolucionando. Según Haller, a finales de los ochenta y principios de los noventa, durante la epidemia del sida, las empresas empezaron a dejar de utilizar expresiones como «minusválido» y adoptaron lo que se conoce como el lenguaje centrado en la persona. En lugar de definir a las personas por su discapacidad, el movimiento buscaba centrarse en el hecho de que las personas con discapacidad son, ante todo, simplemente personas. Un ejemplo de esto sería decir «persona con discapacidad» en lugar de «persona discapacitada».

Esta fue la regla lingüística durante un tiempo. Luego, a principios de los noventa, otras comunidades de personas con discapacidad como la National Federation of the Blind y la comunidad d/Deaf se movilizaron a favor de una norma de identidad, de modo que la discapacidad pudiera ser reconocida como una identidad y no solo como una categoría médica. Por ejemplo, algunas personas pueden preferir el término «Sordo» (con mayúscula) en lugar de «persona sorda» o «persona con pérdida de audición».

La historia que hay detrás de nuestras identidades y cómo las nombramos es compleja. «Hoy en día, la mejor estrategia es simplemente preguntarle a la gente cómo quiere que se dirijan a ella», dijo Haller.

Todas las personas a las que entrevisté se sumaron a esa opinión: aclarar las cuestiones sobre la identidad es una muestra de respeto.

Consejo avanzado: Cuando no estés seguro de la identidad de alguien, simplemente pregunta.

4. Cuando cometas un error, discúlpate con sinceridad

«Cuando alguien te diga que algo es irrespetuoso, no tienes que entender por qué les ha herido. Solo tienes que entender que lo has hecho —dijo Brown—. A mí me encanta cocinar para mis amigos. Pero si alguien me dice que no le ha gustado un plato que le he hecho, no voy a obligarle a comérselo. No tengo que entenderlo ni discutir ni estar de acuerdo con él. Pero si tengo elección, ¿por qué iba a hacerle a mi amigo un plato que no le gusta?

Brown nos advierte que estemos atentos a nuestra reacción si alguien nos llama la atención. Ponernos a la defensiva puede ser la reacción natural, pero lo último que te interesa es hacer que el dolor de otra persona gire a tu alrededor, aunque tuvieras buenas intenciones. En lugar de eso, examínate de verdad, pide perdón y hazlo mejor en el futuro.

Consejo avanzado: No se trata de tus opiniones, se trata de cómo se siente la otra persona.

Mi mayor conclusión de todas estas conversaciones es que el dolor y el aislamiento que acompañan a la discriminación y el prejuicio son mucho más profundos que las palabras capacitistas que nos enseñaron a muchos de pequeños. Esas palabras hacen daño a la gente y ese dolor es auténtico.

Lo positivo es que la historia nos demuestra que el lenguaje y las comunicaciones evolucionan. Esto significa que tenemos mucho margen para crear vocabularios más empoderadores e inclusivos, que aborden las injusticias históricas y hagan que todo el mundo se sienta bienvenido.

El lenguaje no está hecho para aislarnos; está hecho para ayudar a comprendernos los unos a los otros.

RAKSHITHA ARNI RAVISHANKAR es editora asociada de HBR Ascend.

Notas

1. «Disability inclusion», Banco Mundial, 14 de abril de 2022, https://www.worldbank.org/en/topic/disability.
2. «Disability impacts all of us», Centers for Disease Control and Prevention, https://www.cdc.gov/ncbddd/disabilityandhealth/infographic-disability-impacts-all.html.

Adaptado a partir de «Why you need to stop using these words and phrases», en Ascend, en hbr.org, 15 de diciembre de 2020.

9

El poder
de compartir
nuestras historias

Selena Rezvani y Stacey A. Gordon

C omo consultoras sobre inclusión, cada vez vemos a más empresas redoblar su apuesta por los indicadores de diversidad en sus proyectos de negocio, plantillas de evaluación y objetivos. Al fin y al cabo, lo que importa se mide, ¿verdad?

Estos programas monitorizan cosas como la demografía de la plantilla, la diversidad en la contratación, la retención de empleados, las tasas de ascensos y la utilización de recursos DEI (iniciativas sobre diversidad, equidad e inclusión). Aunque estas medidas son adecuadas, hemos visto que son insuficientes para generar inclusión por sí solas. De hecho, un enfoque excesivamente matemático en realidad resta importancia a lo que esperamos generar en lugares de trabajo inclusivos: conciencia, conexión, empatía y respeto mutuo.

En nuestros intentos de crear entornos más atentos y conscientes nos estamos olvidando de que lo que normalmente nos inspira para cambiar nuestro comportamiento no son los números; son la gente y las historias. Con nuestros clientes corporativos, lo que inspira el cambio duradero en la gente a nivel personal es el intercambio de experiencias humanas a través de historias, paneles de discusión y sesiones de escucha.

Podemos progresar de verdad respecto a la inclusión adoptando un enfoque basado en historias, en el que se anima a los empleados a explicar las suyas, a hacerse dueños de ellas y reflexionar sobre qué impacto tienen sobre sus experiencias cotidianas en el trabajo.

¿De quién son las historias que se explican?

Ahora puede que pienses: si vamos a contar más historias, tiene sentido empezar por los líderes, ¿verdad?

No necesariamente.

Un estudio publicado en el *Academy of Management Journal* reveló que los recién llegados prefieren escuchar historias de sus compañeros más que de sus líderes.[1] Si eso es cierto, ¿por qué la mayoría de los programas de inclusión dejan tan poco espacio para que los compañeros de trabajo compartan sus experiencias?

Es responsabilidad de los líderes facilitar ese espacio para compartir. El no hacerlo deja a los empleados (especialmente a las mujeres y a la gente de color) sin sentirse representados. Uno de nuestros clientes de una empresa de bienes de consumo nos llamó porque las mujeres no «daban un paso adelante» en busca de oportunidades al mismo ritmo que los hombres. Tras docenas de entrevistas individuales, descubrimos que las mujeres *sí* habían estado dando ese paso, pero nadie las tenía en cuenta y eran ignoradas continuamente. Entonces organizamos una sesión con directivos y empleados, en la que se expusieron los temas tratados en las entrevistas. Un directivo de la empresa lo calificó como el diálogo más franco y honesto que había experimentado en años, gracias a las historias y a testimonios sin tapujos de los empleados.

Cuando la gente escucha historias con las que se identifica, se crea un espacio para mantener conversaciones repletas de matices. Y eso es lo que impulsa realmente el cambio. Las historias invitan a tomar perspectiva: es como ponerse en los zapatos del otro e imaginarse cómo sería ser la otra persona. Es una herramienta de inclusión absolutamente infrautilizada. Un estudio reveló que adoptar la perspectiva de los demás «puede tener un efecto positivo duradero sobre los resultados relacionados con la diversidad al incrementar la motivación interna de las personas para responder sin prejuicios».[2]

Un CEO de la industria del entretenimiento con el que trabajamos no comprendía realmente lo que eran los ERG (grupos de recursos para los empleados) o por qué la empresa los necesitaba. Aun así, autorizó su aplicación e incluso les asignó algo de presupuesto. Era escéptico y no le veía el sentido *hasta* que asistió a una de las actividades organizadas por el ERG LGBTQ y escuchó, a través de historias, cómo los prejuicios afectaban a esos empleados. Más tarde, se enteró de lo contentas que estaban esas personas cuando empezaron a sentir que pertenecían a la empresa, y comenzaron a trabajar para mejorarla, no solo para los empleados LGBTQ, sino para todos.

Mírate al espejo

Puesto que los programas DEI pueden hacer que todo sea demasiado abstracto y pasar por alto el hecho de que las DEI tratan sobre personas, nosotras les decimos a todos los líderes (incluso a los hombres cisgénero, blancos y heterosexuales) que primero se miren al espejo y exploren sus propias historias relacionadas con la diversidad. Hacer este ejercicio ayuda a los líderes a comprender y empatizar con los relatos que comparten los demás. Una vez que descubren sus propias historias, se les puede invitar (y se espera que lo hagan) a compartirlas (en un segundo plano y nunca por encima de las historias de los participantes individuales).

La gente espera autenticidad, coherencia y honestidad de los líderes. No quieren una versión profesional y diluida de ti. Existe la falsa narrativa de que nuestras historias únicas y personales resultan de algún modo poco profesionales y nunca deberían compartirse en el trabajo. Pero, independientemente de si las ignoramos o las ponemos de relieve, determinan nuestra forma de interactuar con los demás en cada situación (nunca nadie es completamente objetivo). Poner nuestras propias historias encima de la mesa nos ayuda a generar contraste con los demás y captar mejor los matices de nuestro punto de vista y el de los demás.

Si te sientes bloqueado o no estás seguro de cómo indagar en tu propia historia relacionada con la diversidad, aquí tienes algunos apuntes para ayudarte a empezar:

- ¿Cuándo tus privilegios te han permitido recibir un trato distinto al de otra persona?

- ¿Cuándo te ha defendido alguien? (¿Te ayudó alguien con privilegios?)

- ¿Alguna vez has tenido que buscar para encontrar tu sentimiento de pertenencia?

- ¿Cuándo te has dado cuenta de que tenías un prejuicio o un privilegio y cómo lo superaste?

- ¿Alguna vez has sentido presión para adaptarte a la norma o encajar en el entorno?

- ¿Alguna vez has sido testigo de la manifestación de un prejuicio inconsciente en el trabajo?

Esto es lo que hemos aprendido nosotras de este ejercicio:

Selena: «Como persona birracial, ignoré y minimicé mis historias personales relacionadas con la diversidad durante mucho tiempo. Soy mitad paquistaní, de piel morena, y también mitad caucásica, y a veces paso como blanca. Ser mestiza puede hacerte sentir que no perteneces a ningún sitio. Al explicar finalmente mi historia sobre los contrastes que experimento al ser multiétnica, tuve una sensación de libertad que me permitió conectar con los demás (incluso con los clientes) de una forma más profunda y auténtica».

Stacey: «Como persona negra en un mundo blanco, crecí como una de las pocas niñas negras de mi escuela y nunca sentí que encajara. Pensé que eso cambiaría al mudarme a Brooklyn, Nueva York, pero para mi sorpresa no fue así. Porque, una vez allí, me di cuenta de que todo el mundo me veía como "la chica británica". Me llevó años abrazar mi cultura no tradicional, pero aceptar mi historia me ayudó a conseguir ese sentimiento de pertenencia, y ahora uso el camino que recorrí para ayudar a nuestros clientes a hacer lo mismo».

Más de quinientos profesionales han respondido nuestra encuesta sobre las DEI y solo el 4 % de los encuestados fueron capaces de responder afirmativamente que «nuestro liderazgo está en sintonía con el compromiso por la diversidad y la inclusión en la empresa».[3] ¿Cómo pueden los líderes mostrarse y contar sus historias si no están de acuerdo con la importancia de las DEI? Es una profunda desconexión que crea distancia y un *gran* problema. Significa que las historias que ellos nos cuentan carecen de solidez y la gente no puede identificarse con ellas. No cumplen su función, son solo palabras bonitas que no ayudan a que la gente vea humanidad en sus líderes.

Entonces, ¿qué tiene que hacer un líder?

¡Compartir! Comparte tu historia de la forma más fiel posible. Comparte cómo te hizo sentir. Comparte los errores que has cometido. Sé honesto.

Crea un espacio para que se cuenten historias

La mejor forma de crear un efecto en cascada de inclusión en una empresa es ofrecer espacios seguros en los que se puedan escuchar historias sin juzgarlas. Esto funciona mejor cuando se cultiva de forma activa la seguridad psicológica. En la narración de historias surge un «dar y recibir» de forma natural (una vulnerabilidad que surge al compartir) y un instinto de reciprocidad. Esto significa que en los lugares de trabajo más seguros psicológicamente no se *pide* a las personas que compartan, sino que se proporciona entornos *seguros* para hacerlo. La vulnerabilidad que los empleados confían a sus líderes debe ser custodiada por la empresa. Para que los miembros de los equipos compartan regularmente sus historias relacionadas con la diversidad, plantéate lo siguiente:

- En una reunión, haz una pregunta que todos deban responder individualmente.

- Organiza sesiones de escucha.

- Crea clubs de lectura que fomenten el debate.

- Programa reuniones mixtas entre empleados y altos directivos para contar historias.

- Incluye historias en los blogs, vídeos, celebraciones, ascensos y presentaciones de nuevos empleados.

- Sé transparente sobre las encuestas y los paneles de discusión que muestren percepciones negativas y tratos hirientes.

- Celebra asambleas abiertas y encuentros comunitarios.

- Desarrolla campañas dinámicas en las redes sociales que compartan historias.

Muchas personas pueden tener experiencias impactantes, pero no las consideran «buenas historias». Transmíteles que sus historias no tienen por qué ser perfectas, solo tienen que ser *reales*.

Cuando organices estos espacios, anima a tu equipo a contar sus historias con sus propias palabras y:

- *Adopta una mentalidad de principiante.* Olvídate de lo que *crees* que sabes para poder escuchar activamente lo que se dice.

- *Recibe las historias sobre diversidad con empatía y calidez.* Acoge las historias que escuches, aunque no te identifiques con ellas o no comprendas del todo cómo se siente la persona. Si alguien se emociona o se siente incómodo, hazle saber que estás ahí para apoyarle.

- *No pidas a la persona que cuenta la historia que «verifique en exceso».* Después de que alguien haya compartido su historia, si tienes alguna pregunta, no le cuestiones ni le pidas que ofrezca pruebas de su historia. Si realmente tienes dudas, plantéale directamente si puedes formular una pregunta complementaria sobre su experiencia cuando haya terminado.

- *Da las gracias a la gente por compartir sus historias.* Es importante hacer saber a la gente que la escuchas y valoras el hecho de que compartan sus historias.

- *Pregunta cómo podríais seguir mejorando los espacios seguros.* A medida que se celebren más encuentros para contar historias, coméntalo con la gente. Pregúntales si sienten que has creado un espacio en el que pueden contar sus historias y ser escuchados.

——————

Ya es hora de que el debate sobre inclusión y diversidad adquiera un enfoque basado en la persona. No se trata solo de números, sino de *personas*. La narración de historias, una de las experiencias humanas más universales, nos brinda la oportunidad única de mirar con otros ojos. Y saber tomar perspectiva es una habilidad para la vida, no solo para el trabajo. Las empresas que dan prioridad a la inclusión saldrán reforzadas de las crisis, y las historias son un importante vehículo para ayudarles a conseguirlo.

SELENA REZVANI asesora a las empresas sobre cómo hacer que el trabajo sea verdaderamente «trabajo» para las mujeres. Para ello utiliza diagnósticos culturales, paneles de discusión y la implementación de programas de inclusión vanguardistas. Selena es autora de dos libros sobre liderazgo, *Pushback* y *The next generation of women leaders*, y del próximo *Quick confidence*. En 2019, su charla TEDx «Interrupting gender bias through meeting culture» fue reconocida con el premio Croly Journalism. Para saber más, visita www.selenarezvani.com. STACEY A. GORDON es consultora de culturas laborales, conferenciante, autora, facilitadora del aprendizaje y asesora ejecutiva en estrategias de diversidad. Como fundadora de Rework Work, hace de coach a líderes para que dirijan lugares de trabajo en los que todas las personas implicadas trabajen juntas (#WorkTogether) para crear sentimiento de pertenencia. El curso sobre prejuicios inconscientes de Stacey es número uno en la plataforma LinkedIn Learning y ha sido traducido a varios idiomas. También es autora de *UNBIAS: Addressing unconscious bias at work*. Para saber más, visita learn.reworkwork.com.

Notas

1. Sean R. Martin, «Stories about values and valuable stories: A field experiment of the power of narratives to shape newcomer's actions», *Academy of Management Journal* 59, nº 5 (2015), https://journals.aom.org/doi/10.5465/amj.2014.0061.
2. Alex Lindsey y otros, «The impact of method, motivation, and empathy on diversity training effectiveness», *Journal of Business and Psychology* 30 (2015): 605-617.
3. «Diversity Equity & Inclusion workplace assessment», https://www.reworkwork.com/about-us/workplace-assessment/.

Adaptado a partir de «How sharing our stories builds inclusion», en hbr.org, 1 de noviembre de 2021 (producto #H06NYO).

Índice

Índice

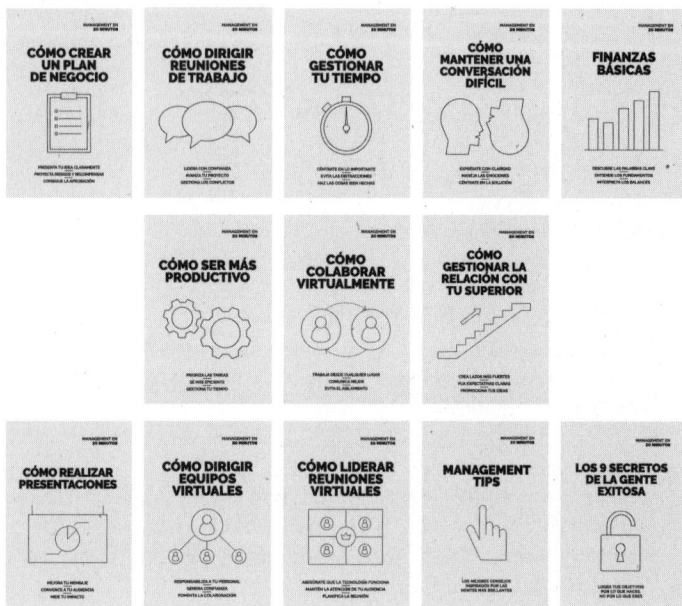

Serie Management en 20 minutos

Harvard Business Review

La **Serie Management en 20 Minutos** de HBR te permite estar actualizado sobre las habilidades de gestión más esenciales. Ya sea que necesites un curso intensivo o un breve repaso, cada libro de la serie es un manual conciso y práctico que te ayudará a revisar un tema clave de management. Consejos que puedes leer y aplicar rápidamente, dirigidos a profesionales ambiciosos y aspirantes a ejecutivos, procedentes de la fuente más fiable en los negocios. También disponibles en ebook.

Con la garantía de **Harvard Business Review**

Disponibles también en formato **e-book**

Solicita más información en revertemanagement@reverte.com

www.revertemanagement.com

@revertemanagement

Inteligencia Emocional	Inteligencia Emocional	Inteligencia Emocional	Inteligencia Emocional	Inteligencia Emocional
EMPATÍA	**FELICIDAD**	**MINDFULNESS** (Atención plena)	**RESILIENCIA**	**EL AUTÉNTICO LIDERAZGO**

Inteligencia Emocional	Inteligencia Emocional	Inteligencia Emocional	Inteligencia Emocional	Inteligencia Emocional
INFLUENCIA Y PERSUASIÓN	Cómo tratar con **GENTE DIFÍCIL**	**LIDERAZGO** (Leadership Presence)	**PROPÓSITO SENTIDO + PASIÓN**	**AUTO CONCIENCIA**

Inteligencia Emocional	Inteligencia Emocional	Inteligencia Emocional	Inteligencia Emocional	Inteligencia Emocional
FOCUS	**SABER ESCUCHAR**	**CONFIANZA**	**PODER + INFLUENCIA**	**IE VIRTUAL**

Serie Inteligencia Emocional

Harvard Business Review

Esta colección ofrece una serie de textos cuidadosamente seleccionados sobre los aspectos humanos de la vida profesional. Mediante investigaciones contrastadas, cada libro muestra cómo las emociones influyen en nuestra vida laboral y proporciona consejos prácticos para gestionar equipos humanos y situaciones conflictivas. Estas lecturas, estimulantes y prácticas, ayudan a conseguir el bienestar emocional en el trabajo.

Con la garantía de **Harvard Business Review**

Participan investigadores de la talla de
Daniel Goleman, Annie McKee y **Dan Gilbert**, entre otros

Disponibles también en formato **e-book**

Solicita más información en revertemanagement@reverte.com

www.revertemanagement.com

@revertemanagement

Guías Harvard Business Review

En las **Guías HBR** encontrarás una gran cantidad de consejos prácticos y sencillos de expertos en la materia, además de ejemplos para que te sea muy fácil ponerlos en práctica. Estas guías realizadas por el sello editorial más fiable del mundo de los negocios, te ofrecen una solución inteligente para enfrentarte a los desafíos laborales más importantes.

Monografías

Michael D Watkins es profesor de Liderazgo y Cambio Organizacional. En los últimos 20 años ha acompañado a líderes de organizaciones en su transición a nuevos cargos. Su libro, **Los primeros 90 días**, con más de 1.500.000 de ejemplares vendidos en todo el mundo y traducido a 27 idiomas, se ha convertido en la publicación de referencia para los profesionales en procesos de transición y cambio.

Todo el mundo tiene algo que quiere cambiar. Pero el cambio es difícil. A menudo, persuadimos, presionamos y empujamos, pero nada se mueve. ¿Podría haber una mejor manera de hacerlo? Las personas que consiguen cambios exitosos saben que no se trata de presionar más, o de proporcionar más información, sino de convertirse en un catalizador.

Stretch muestra por qué todo el mundo -desde los ejecutivos a los empresarios, desde los profesionales a los padres, desde los atletas a los artistas- se desenvuelve mejor con las limitaciones; por qué la búsqueda de demasiados recursos socava nuestro trabajo y bienestar; y por qué incluso aquellos que tienen mucho se benefician de sacar el máximo provecho de poco.

¿Por qué algunas personas son más exitosas que otras? El 95% de todo lo que piensas, sientes, haces y logras es resultado del hábito. Simplificando y organizando las ideas, **Brian Tracy** ha escrito magistralmente un libro de obligada lectura sobre hábitos que asegura completamente el éxito personal.

De la mano de **Daniel Goleman** y de otros destacados investigadores, esta obra ofrece información actualizada y rigurosa sobre cómo alcanzar un mayor grado de bienestar y satisfacción personal a través de una correcta gestión de nuestras emociones.

Daniel Goleman, psicólogo y conferenciante de renombre internacional, es autor de bestsellers sobre inteligencia emocional. Está considerado como uno los pensadores más influyentes del mundo.

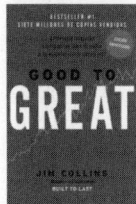

Referenciado como uno de los diez mejores libros sobre gestión empresarial, **Good to Great** nos ofrece todo un conjunto de directrices y paradigmas que debe adoptar cualquier empresa que pretenda diferenciarse de las demás.

Jim Collins es un reconocido estudioso especializado en qué hace que las empresas sobresalgan, y asesor socrático de líderes de los sectores empresariales y sociales.

Conoce los principios y las filosofías que guían a Bill Gates, Jeff Bezos, Ruth Bader Ginsburg, Warren Buffett, Oprah Winfrey y muchos otros personajes famosos a través de conversaciones reveladoras sobre sus vidas y sus trayectorias profesionales.

David M. Rubenstein ha hablado largo y tendido con los líderes más importantes del mundo sobre cómo han llegado a ser famosos. **Conversaciones** comparte estas entrevistas con estos personajes.

Cal Newport, nos ofrece una propuesta audaz para liberar a los trabajadores de la dictadura de la bandeja de entrada y desencadenar una nueva era de productividad.

Basándose en años de investigación, en **Un mundo sin email**, Cal Newport sostiene que nuestro enfoque actual del trabajo está equivocado y expone una serie de principios e instrucciones concretas para corregirlo.

Gallup y **Reverté Management** publican una nueva edición de su bestseller número 1. Esta edición incluye un total de 50 ideas sobre acciones específicas y personales para el desarrollo de tus talentos dominantes. Cada libro incluye un código de acceso a la evaluación en línea de CliftonStrengths.

Solicita más información en
revertemanagement@reverte.com
www.revertemanagement.com